Julius Cramer

Die Verfassungsgeschichte der Germanen und Kelten

Ein Beitrag zur vergleichenden Altertumskunde

Julius Cramer

Die Verfassungsgeschichte der Germanen und Kelten

Ein Beitrag zur vergleichenden Altertumskunde

ISBN/EAN: 9783955640262

Auflage: 1

Erscheinungsjahr: 2013

Erscheinungsort: Bremen, Deutschland

EHV
HISTORY

Die Verfassungsgeschichte

der

Germanen und Kelten

Ein Beitrag

zur vergleichenden Altertumskunde

von

Julius Cramer

Geh. Oberjustizrat

Berlin 1906

Verlag der Hofbuchhandlung von Karl Siegismund

Inhalt.

Fünftes Kapitel.

Die Grundformen des politischen Gemeinwesens und ihre technischen Bezeichnungen. S. 43—48.

Sechstes Kapitel.

Gemeinde, Hundertschaft, Gau. S. 49—55.

Siebentes Kapitel.

Der Stammverband. S. 56—64.

Achtes Kapitel.

Prinzipes und Reges. S. 65—71.

Neuntes Kapitel.

Sonderverfassungen. S. 72—75.

Zehntes Kapitel.

Aufbau, Charakter und relatives Alter der Verfassungen. S. 76—83.

Neunzehntes Kapitel.

Die Stämme und ihr Gebiet. S. 146—151.

Zwanzigstes Kapitel.

Die politische Verfassung. S. 152—165.

Einundzwanzigstes Kapitel.

Königtum und Oligarchie. S. 166—168.

Zweiundzwanzigstes Kapitel.

Die Faktionen der Plebs. S. 169—181.

Dreiundzwanzigstes Kapitel.

Die Faktionen der Staaten. S. 182—197.

Vierundzwanzigstes Kapitel.

Allgemeine Ergebnisse. S. 198—208.

Abkürzungen.

Gall. bedeutet des Caesar gallischer Krieg; Germ. Ann. Hist. Agr. bedeuten des Tacitus Schriften, die Germania, die Annalen, Historien und Agricola.

Erstes Kapitel.

Einleitung.

Gesellschafts- und Staatsordnung.

Bei Germanen und Kelten zeigen sich, seitdem sie in die Geschichte eingetreten, dieselben Grundzüge der Gesellschaftsordnung wie der Staatsordnung.

Jene ist, abgesehen von den Unfreien, die der sozial unabhängigen Freien, aus denen Fürsten und deren Geschlechter, der Adel sich hervorhebt. Sie findet ihren politischen Ausdruck in der Landesgemeinde aller gleichberechtigten Freien, welche die gemeine Freiheit sichert.

Die Staatsordnung ist auf dem Dezimalsystem aufgebaut, nach welchem die Indogermanen ihre Heere abteilten und ihre Niederlassungen gliederten, in Zehntschaften, Hundertschaften, Tausendschaften, auf einer Regel, deren Trümmerstücke sich insbesondere bei den Bezeichnungen der Germanen und bei den Einrichtungen der Germanen und Kelten erhalten haben. (Siehe die Übersicht am Schluss dieses Kapitels.)

Die Verfassungsformen, die sich in Stufen übereinander erheben, beruhen auf persönlicher und räumlicher Grundlage (Einwohnern, Kriegern, Bezirken) und stellen wirtschaftliche und politische Einheiten dar, bei den Germanen wirtschaftliche in den Zehntschaften (Gemeinden) und in den Hundertschaften, die zugleich Gerichtsgemeinden sind, von denen bei den Kelten nur unsicher Gemeinden zu erkennen sind; bei den Germanen und Kelten politische in den Tausendschaften (Gauen) und den diese Einheiten zusammenfassenden Stammverbänden; alle unter Obrigkeiten, die in den beiden oberen Stufen Fürsten sind, Gaufürsten und Stammfürsten oder Könige. Der Zahlbedeutung entkleidet, machen die Stufen die Verfassung des angesiedelten Heeres, des Stammverbandes aus.

Die Gaue sind unter *Gaufürsten* autonom. Ihre gemeinsamen Interessen, die Stammangelegenheiten werden durch die Gesamtheit der Gaufürsten, den *Fürstenrat* vertreten, aber über ihm steht souverän die *Landesgemeinde.*

Bei der höchsten *obrigkeitlichen Gewalt* scheiden sich dann die Wege. Denn entweder sind die Gaue locker zusammengefügt und nur für die Dauer des Kriegs durch das Heer mit einander verbunden, und dann ist die Gewalt entsprechend nach Frieden und Krieg *geteilt* — geteilt zwischen *Stammfürsten,* principes civitatis, dem politischen Fürsten des Friedens und dem militärischen des Kriegs, dem Herzog, dux. Es ist das System der *Gauverfassung*, des *Stammfürstentums.* Oder die Gaue sind dauernd und unauflöslich zusammengeschlossen und dann ist auch die Gewalt in der Hand eines Einzigen *geeint* — in der Hand des *Königs,* rex, und das ist das System der *Stammverfassung,* des *Stammkönigtums.*

Die Gemeinsamkeit der germanischen und keltischen Einrichtungen ist das Produkt der indogermanischen Verwandtschaft.

Die soziale und politische Ordnung erhielt sich in ihren Grundzügen in Germanien bis zur fränkischen Zeit, bei den Kelten (in Kleinasien, Britannien und einem Teil von Gallien), so lange ihre Selbständigkeit dauerte.

Während also dieser Teil der gallischen Stämme sich die Landesgemeinde, als die Vereinigung der gleichberechtigten Freien bewahrte und an dem alten Königtum festhielt, vollzog sich bei einem andern, und zwar dem *grössern Teil* vor Alters, wie aus Caesar zu entnehmen, eine Wandlung, deren Hergang wir zwar nicht kennen, deren Ergebnisse wir aber in späterer Zeit vor Augen sehen. An die Stelle der sozial unabhängigen, politisch gleichberechtigten Freien trat der sozial mächtige Adel und die sozial unterdrückte Plebs, und dieser sozialen Wandlung entsprach eine politische. Die einheitliche Landesgemeinde zerfiel nunmehr in eine souveräne Versammlung für den Krieg und eine andere für den Frieden, wie schon bei der alten Staatsordnung die Obrigkeiten der Stammfürsten, principes civitatis, in die des Kriegs und des Friedens geteilt waren. Die *Heerversammlung* des Kriegs mit dem *Herzog* über sich, bestand weiter (wie die Landesgemeinde) aus den Freien; der *Senat* des Friedens mit dem *Vergobret* neben sich, schloss die Plebs aus und wurde zu einer Repräsentation des Adels. Das ist das System der *Oligarchie.*

Die Plebs, die damit aus dem oligarchischen Staat gewiesen war, lehnte sich an das Königtum, das an ihr selbst eine Stütze fand, trachtete sich in seinen *Faktionen* zur politischen Geltung zu bringen und das Königtum, wo es nicht bestand, herzustellen.

Caesar und Tacitus.

Die eingehende Kunde dieser sozialen und politischen Ordnungen verdanken wir insbesondere dem Caesar und Tacitus.

Bei den Germanen erscheint nach Caesar das Fürstentum der Gauverfassung als die regelmässige, das Königtum (Ariovists) als die abnorme Verfassung; nach Tacitus stehn beide Ordnungen nebeneinander, im Westen und im Osten Deutschlands auf gleicher Höhe der Bedeutung. Bei den kleinasiatischen Kelten folgt nach Strabo dem Fürstentum das Königtum; bei den britannischen ist nach Caesar und Tacitus das Fürstentum im Niedergang, das Königtum die herrschende Form; bei den gallischen war vor Caesars Zeit das Königtum dominierend, zu seiner Zeit im Absteigen begriffen, während die meisten und grössten Stämme, über Gallien zerstreut, dem oligarchischen Prinzip angehörten.

Die Mitteilungen Caesars, wie die des Tacitus sind bei

jedem verschiedener Art. Jeder gibt Schilderungen von Zuständen, so der Germanen Caesar im Bericht vom gallischen Krieg VI 21—28, Tacitus in der Germania; der britannischen Kelten Tacitus im Agricola 11—13; der gallischen Kelten Caesar VI 11—20; jeder gibt Erzählungen von geschichtlichen Ereignissen, zerstreut Caesar im Bericht, Tacitus in den Annalen, den Historien, dem Agricola. Die Nachrichten der erstern Art stellen vorwiegend die Grundzüge der öffentlichen Ordnungen dar, die der letztern ergänzen sie, zeigen die staatlichen Mächte in ihrer lebendigen Funktion und geben das Bild des Gemeinwesens in seiner Bewegung. Die Schilderung der Zustände beabsichtigt, dem Leser eine Vorstellung zu geben, die Erzählung der Ereignisse beglaubigt sie absichtslos. Jene ist daher grundlegend, diese erläuternd. Erst die Vereinigung beider Arten von Quellen wird zu einem Gesamtbild führen.

Der Plan.

Die nachfolgenden Untersuchungen machen den Versuch, die Gemeinwesen der Germanen und Kelten in ihren ältesten Grundzügen, nach den Phasen darzustellen, die uns von Caesar und Tacitus überliefert sind, die Grundzüge miteinander zu vergleichen und die Gesamtentwicklung zu verfolgen.

Die gewählte Reihenfolge der Völker erklärt sich damit, dass als die älteste Phase die der Germanen erscheint, welche sich in deren geschichtlichen Jugendzeit erhalten hat, während die der Kelten, abgesehn von den kleinasiatischen und britannischen, in den entscheidenden Zügen vorwiegend das Gepräge neuerer Entwicklung zeigt.

Anhang.

Das staatliche Dezimalsystem der Indogermanen, Semiten und Mongolen.

Die Verfassungsformen, welche auf diesem System beruhen, weisen durch ihre Übereinstimmung und geographische Verbreitung über grosse Teile von Asien und Europa auf die Vorzeit hin.

Bei den *Indern* wurde nach dem altindischen Gesetzbuch die Staatsverfassung auf Dörfer und Städte aufgebaut. Je zehn Dörfer bildeten einen Bezirk, zehn solche (also hundert Dörfer) einen grösseren Bezirk und zehn von diesen (also tausend Dörfer) ein Gebiet. Über ein, zehn, zwanzig, hundert und tausend Dörfer und über die Städte wurden Aufseher, pati gesetzt. Lassen, Indische Altertumskunde I 959, 966.

Bei den Stämmen der *Iranier* zerfiel nach dem Zend-Avesta das Gebiet „in die Wohnungen Eines Paares" (zweier Familien?) nmana, in einen Clan von 15 Paaren, vith oder vic (sanskr. veca, griech. *οἶκος*, lat. vicus, in eine Genossenschaft von 30 Paaren, zantu (sanskr. jantu, griech. *γένος*, got. knods und kuni), in ein Dorf von 50 Paaren, dagha. An der Spitze jeder Abteilung standen nach dem Gebiet benannte Häuptlinge. Das Heer stufte sich ab zu je fünfzig, hundert, tausend, zehntausend usw. Mann, so dass es scheint, dass aus einem Dorf von je fünfzig Paaren zum Heer je fünfzig Mann eingezogen wurden. Wichtige Angelegenheiten waren den Stammversammlungen vorbehalten. Dieses System wird auf die Zeit vor dem Beginn unserer historischen Quellen zurückgeführt, und hat sich in grossen Bezirken bis auf den heutigen Tag erhalten. Im Gegensatz zu dem ältern Zend-Avesta zerfiel nach Herodot das grosse Heer des Xerxes in Stämme und diese in Abteilungen von zehn, hundert, tausend, zehntausend Mann. Die Anführer der Stammheere ernannten die Unterbefehlshaber über zehntausend und tausend Mann und diese bestellten die über hundert und über zehn Mann. Spiegel, Eranische Altertumskunde II 238—241; III 640.

Nach Mommsen ruhte die Gliederung *altlatinischer Stämme*, insbesondere der römischen Bürgerschaft auf dem uralten Normalsatz, dass zehn Häuser ein Geschlecht, zehn Geschlechter oder hundert Häuser eine Pflegschaft, curia, zehn Pflegschaften oder hundert Geschlechter oder tausend Häuser eine Gemeinde, tribus bildeten. Jedes Haus stellte einen Mann zum Fussheer (mil—es, Tausendgänger), jedes Geschlecht einen Reiter und einen Ratmann. Jeder Ratmann war also Haupt von zehn Häusern, decurio, hundert Ratmänner, centum viri entsprachen hundert Geschlechtern. Die Aufteilung der Feldmark geschah unter Geschlechter und Kurien. Es gab Geschlechterbezirke, und Kurienbezirke, letztere von einem sehr alten Ackermass, der „Hunderte", centuria von hundert Hofstellen zu je zwei Morgen.

„Jene Zahlen (vom Personalbestand der Bürgerschaft) sind praktisch wertlos. Dem Normalschema von gerade tausend Häusern und gerade hundert Geschlechtern kann höchstens nur für die frühesten Anfänge dieses uns schon beim Beginn der Geschichte fertig entgegentretenden Instituts eine mehr als ideale Bedeutung beigelegt werden." Römische Geschichte I 36, 67—69.

Bei den *Germanen* zerfiel nach Caesar das Heer der Sueben in Tausendschaften, milia. Jeder Gau zählte zweimal tausend Männer, die zu tausend als Krieger, zu tausend als Ackerbauer sich jedes Jahr ablösten. Singula milia in armis sunt, illi domi remanent. Gall. IV 1. Tacitus kennt Hundertschaften des Heeres centeni, aber sie haben ihre Zahlbedeutung verloren und sind ein blosser Name und Ehrenbezeugung geworden. Centeni ex singulis pagis, idque ipsum inter suos vocantur, et quod primo numerus fuit, jam nomen et honor est. Weiter sind bei ihm centeni comites ex plebe die Hundertschaft als Gerichtsgemeinde. Germ. 6, 12. Auch bei den aus der Völkerwanderung hervorgegangenen neuen Stämmen haben sich die auf dem Dezimalsystem beruhenden staatlichen Formen und Ausdrücke erhalten, persönliche Verbände im Heer und Volk, Landbezirke, Führer der einzelnen Abteilungen als militärische Befehlshaber, Richter usw. (Siehe meine Geschichte der Alamannen als Gaugeschichte, S. 60—67.)

Aus Nestor geht schon in frühester Zeit die Einteilung des *russischen Volkes* in Tausende, Hunderte und Zehner hervor, die wahrscheinlich zur besseren Verteilung der Abgaben und Aufsicht darüber und zum kriegerischen Aufgebot dienten. Bei Bulgarin heisst es, das Heer der russischen Slaven wurde in Desaethi (decuria), Sotni (centuria) und Tysaetschi (Tausende) geteilt. Strahl, Geschichte des russischen Staats I 423; Bulgarin Russland I 289.

Ausser bei den indogermanischen Völkern fanden sich dieselben Heeresorganisationen auch bei den Semiten und Mongolen. Vor dem Zuge durch die Wüste bestand das Kriegsvolk jeder der zwölf Stämme der *Israeliten* aus Einheiten von hundert und von tausend Mann, die je einen Hauptmann und Obersten hatten. Moses IV, Kap. 10, Vers 4; Kap. 31, Vers 4, 14, 48, 52, 54.

Nach der Jasa der *Mongolen*, dem Gesetzbuch Tschengis-Chans (1202—1227) wurde das Hèer wohl in Stämme geteilt, und jeder Stamm dem Dezimalsystem entsprechend in vier Abteilungen Keschik unter je einem Anführer, Emir; es waren je zehn und zehn Mann unter einem Dehe, je hundert und hundert Mann unter einem Ssade, je tausend und tausend Mann unter einem Hesare, je zehntausend und zehntausend unter einem Tomane oder Temnike, und ausserdem Korps, Kuschun. Den Heeresabteilungen entsprachen auch Verbände von zehn, hundert, tausend Steuerpflichtigen, und je einem Verwalter und ausserdem je vier Landbezirke. Von Hammer-Purgstall die Geschichte der goldenen Horde in Kipschek, das ist der Mongolen in Russland, S. 31, 184, 187, 212, 238.

Wie in einem Gau zwei Tausendschaften von Sueben zur Hälfte sich als Krieger und Ackerbauer ablösen, so scheinen die 50, 30, 15 „Paare“ der Iranier und die doppelte Besetzung (zehn und zehn Mann usw.) der mongolischen Heeresverbände auf Wechsel und Ersatz berechnet zu sein.

Erstes Buch.

Die Germanen.

Zweites Kapitel.

Die Gesellschaftsordnung.

Haus und Gemeinwesen.

Ihr Bild lässt sich in weitem Umfang aus der Germania des Tacitus entnehmen.

Die Germanen gehören teils dem Haus, domus, teils dem Gemeinwesen, der civitas an. Das Haus ist die Grundlage des Gemeinwesens, jenes von dem privaten, dieses von dem öffentlichen Leben erfüllt. Daher der Gegensatz: privata, publica res; privatim, publice.

Domus officia, Germ. 25. Delegata domus feminis 15. Obligantur animi civitatum 8. Mos est civitatibus 15. — Arma sumere non ante cuiquam moris, quam civitas suffecturum probaverit. Ante hoc (juvenes) domus pars videntur, mox rei publicae 13. In omni domo 20. Universa domus 21. Liberti raro aliquid momentum in domo, nunquam in civitate 25.

Nihil neque publicae neque privatae rei nisi armati agunt 13. Publice aluntur (equi). Si publice consultetur, sacerdos civitatis, sin privatim, ipse pater familiae 10. Non modo a singulis sed et publice 15. Caeso publice homine 30. —

Das häusliche und private Leben der Männer und Frauen ist in der Germania eingehend geschildert, fällt aber nicht in den Rahmen dieser Darstellung.

Das Haus umfasst Freie, Freigeborene, ingenui und Hörige, servi. Das Gemeinwesen schliesst die Hörigen aus.

Die Freigeborenen.

Das Leben der Freigeborenen, ingenui 20, 44, stellt sich im engern und weitern Familienkreise dar, in dem „nach Sippen geordneten Geschlecht“. Ihm gehören der Hausherr, Frau und Kinder, die Verwandten und Verschwägerten an. Universa domus 21. Ipse pater familiae 10. Major natu Gall. IV 13. Seu patris seu propinqui Germ. 21. Pater et propinqui 13. Gentes cognationes hominum. Gall. VI, 22. Familiae et propinquitates. Germ. 7. Propinqui 19. Adfines 20.

Zumal in ihrer Beziehung zum Gemeinwesen „zerfällt der Stand der Freien in zwei Klassen, die Gemeinfreien, die den Kern des Volkes bilden, und die Adeligen, Mitglieder der tatsächlich herrschenden Geschlechter, die höheres Ansehen genossen und dem Volke die Könige, die Fürsten und Priester zu liefern pflegten.“ (Brunner. Siehe unten.)

Die Gemeinfreien.

Die Knaben der gemeinfreien Geschlechter gehören dem Hause an. Mit der Wehrhaftmachung treten sie in das Gemeinwesen, in das entweder der Vater oder ein Verwandter oder ein Fürst sie eingeführt. Ante hoc (juvenes) domus pars videntur, mox rei publicae. Vel principum aliquis, vel pater vel propinqui ornant. Germ. 13.

Die Rechte und Pflichten der gemeinfreien Männer sind: Die Waffen führen, den Opferfesten beiwohnen, die Versammlungen des Stammes und seiner Abteilungen besuchen. Arma sumere, sacris adesse, concilium inire 13, 6.

Auch die Frauen sind des Gemeinwesens, sofern sie hinter der Schlachtordnung den Kampf der Männer unterstützen. Man sieht in ihnen Heiliges und Prophetisches und sie werden wohl wie Gottheiten verehrt. 8.

Die Adeligen.

Zunächst nehmen die Adeligen die Stellung der Gemeinfreien ein. Sie unterscheiden sich aber von ihnen durch eine tatsächliche, nicht rechtliche Sonderstellung.

„Eine Entstehung des Adels ist in Dunkel gehüllt, doch lässt sich nicht bezweifeln, dass Königtum und Fürstenamt die Grundlage abgegeben haben“ (Schröder).

Fürsten, principes, sind insbesondere die über den Gau gesetzten Machthaber, die Gaufürsten, und die über den Stamm gesetzten; diese sind bei Gauverfassung der für die politischen Funktionen berufene Stammfürst, der princeps civitatis, und der Oberbefehlshaber des Stammheeres, dux, bei Stammverfassung der Stammkönig, rex. Den Fürsten mögen sich die Priester, sacerdotes anschliessen, von deren Organisation der Stammpriester, sacerdos civitatis bekannt ist. z. B. 10, 11, 7.

Die gesamte Sippe der Fürsten und Könige, auch wohl der Priester, ist adelig, nobilis. Segimeri (der Vater des Armin) genere nobilis. Meroboduus genere nobilis. Nobile Merobodui et Tudri genus. Vell. II 118, 108. Germ. 42. — Super nobiles. Neque nobilem. 25, 44. Multi (Batavorum) nobilium. Ann. II 11. Cheruscorum gens amissis per interna bella nobilibus. Ann. XI 16. Plerique nobilium adolescentium Germ. 14. Nobilis juvenis Catualda (Marcomanorum) Ann. II 62. — Feminae nobiles, inter quas Arminii uxor. Ann. I 57. Obsides puellae nobiles Germ. 8.

Der Inbegriff dieser Sippen bildet den Adel, nobilitas. Reges ex nobilitate sumunt. Germ. 7. Rex vel princeps, prout nobilitas audiuntur. Germ. 11. Ob nobilitatem pluribus nuptiis ambiuntur Germ. 17.

Von den Adeligen heben sich die *Adeligsten*, von dem Adel der *ausgezeichnete Adel* ab, nobilissimi, nobilitas ante omnes, insignis nobilitas. Er entspringt der clara natalium origo, der pace belloque clara origo, der regia stirps, dem regium genus und wohl den magna merita patrum, dem decus bellorum, der aetas und facundia, dem comitatus. Germ. 11, 13.

Insignis nobilitas gibt eine bevorzugte Stellung in der Gefolgschaft. Germ. 13. Segestes war vir clari nominis. Vell. II 118.

Italikus der einzig Überlebende stirpis regiae wurde zum König der Cherusker erkoren. Ann. IX 16. An der Spitze der römisch-batavischen Cohorten standen nobilissimi popularium. (Auch Armin war ductor popularium. Ann. II 10.) Der Bund des Civilis mit den Germanen wurde durch nobilissimi obsidum bestärkt. Der Herzog der Kannenefaten Brinno war claritate natalium insigni. Nobilissimi Belgarum fielen im Kampfe. Hist. IV 12, 28, 15, 71. Die Bataver Julius Paulus und sein Bruder Julius Civilis überragten als königlichen Ursprungs alle andern, regia stirpe multo ceteros anteibant. Der Treverer Classicus (dessen Stamm übrigens keltisch oder völlig keltisiert war) stützte sich auf seinen alle überragenden Adel und Reichtum. Denn königlich war sein Geschlecht und seine Ahnen in Krieg und Frieden berühmt. Classicus nobilitate opibusque ante omnes, regium illi genus et pace belloque clara origo. Hist. IV 13, 55.

Überliefert ist, wie einerseits das Ansehn, andererseits aber auch die Pflicht der Stellung des Hauptes auf die Glieder des Geschlechts übergeht, und beides mochte auch nach einer Depossedierung bleiben. Es wird erzählt, dass Jünglinge von ausgezeichnetem Adel schon in der Gefolgschaft bevorzugt wurden, dass junge Adelige Gelegenheit hatten, durch Heerfahrten Ruhm zu erwerben (siehe Kap. IV Gefolgschaften), dass dem adeligen Mann mehrere Frauen zustanden, ob nobilitatem, und dass seine Leiche, corpora clarorum virorum mit besonderen Holzarten verbrannt wurde. Germ. 13, 14, 17, 27. Aber Männer wie Frauen hafteten auch für die Politik des Stammverbandes, da sie als Geiseln bestellt wurden. Civilis und die Germanen versicherten sich der Treue des geschlossenen Bundes durch Geiseln aus dem Kreise der nobilissimi. Hist. IV 28. Der Bundesgenosse oder Sieger hielt sich derjenigen Stämme fester versichert, unter deren Geiseln man auch edle Jungfrauen verlangen konnte, inter obsides puellae nobiles. Germ. 8. Wie Geiseln waren den Römern die bei Segestes gefangenen edlen Frauen, feminae nobiles, unter denen das Weib des Armin sich befand. Ann. I 56. Civilis stellte Mutter und Schwester hinter der Schlachtordnung auf und gab später seine Gemahlin und Schwester, wie Classicus seine Tochter der Kolonie der Agrippina zum Pfand für das geschlossene Bündnis; sie wurden aber den Römern ausgeliefert. Hist. IV 18, 19. —

Zu des Tacitus Zeit sehen wir so den Adel von den Gemeinfreien geschieden.

Ehe sich ein Adel gebildet hatte, wählte das Volk der Freien Führer und Machthaber selbstverständlich aus seiner Mitte und mochte sich, wie wir nach späterer Zeit schliessen dürfen, gewöhnen, aus demselben Geschlecht zu wählen. Ansehn und Einfluss des Gewählten mochte auf sein Geschlecht übergehn; es mochte ein hervorragendes, ein einflussreiches, ein „adeliges“ werden. Der Gewählte, princeps war oder wurde das Haupt des Geschlechts; dessen Glieder waren oder wurden „nobiles“, „nobilissimi“, „regiae stirpis“.

Aus dem Adelsgeschlecht des Gaus wählte man den Gaufürsten, aus dem des Stammes den Stammkönig. Fand sich in diesen Geschlechtern kein Tauglicher, so mochte man dort auf das Geschlecht eines andern Gaus, hier auf das eines Gaus überhaupt oder gar auf einen Gemeinfreien übergehn, womit das ältere Geschlecht depossediert war.

Die Zahl der adeligen Geschlechter kann nicht bedeutend gewesen sein. Die der Gaugeschlechter mag der Zahl der Gaue gleich sein, oder wenn ein Haus im Herrschaftsbesitz mehrerer Gaue wäre, geringer. In den Staaten mit Königtum ist nur das Eine Königsgeschlecht. Aber bei depossedierten Adelsgeschlechtern mag sich die Zahl erhöhn.

Im Übrigen sind für die Zahl der Geschlechter und ihre Mitglieder nur folgende Andeutungen vorhanden: Um Chariobalda, den Herzog der Bataver, fielen multi nobilium. Ann. II 11. In den Bürgerkriegen der Cherusker ging deren Adel zugrunde, mit Ausnahme des einzigen Italikus. Ann. XI 16.

Nach all diesem sind die Geschlechter des Adels die in Krieg und Frieden bewährten, durch militärische, priesterliche oder obrigkeitliche Stellung ausgezeichneten Familien der germanischen Nation, es sind die geschichtlichen Geschlechter des Landes. (Siehe Kap. XII.)

Fürsten und Volk.

Dem Inbegriff der Machthaber, principes gegenüber stellt Tacitus mehrfach den Inbegriff der Gemeinfreien, der plebs, des vulgus. In diesem Gegensatz wird statt des Ausdrucks principes gewöhnlich die gleichbedeutende Bezeichnung proceres, primores gebraucht. Segest verlangt von Varus, ut se et Arminium et ceteros proceres vinciret: nihil ausurum plebem, principibus amotis. Ann. I 55. (Die Stelle beweist insbesondere, dass principes und proceres identisch sind.) Gewisse Wahrzeichen gelten non solum apud plebem, sed apud proceres, apud sacerdotes. Germ. 10. Nach der Niederlage bei Idisiaviso verlangen plebes, primores, juventus, senes eine zweite Schlacht. Ann. II 90. Die principes beraten vor, die plebs entscheidet, ut ea, quorum penes plebem arbitrium est, apud principes pertractentur. Germ. 11. Civilis primores gentis et promptissimos vulgi vocatur. Hist. IV 14. Die Unterwerfung der Bataver wird anders vom Volk, anders von den Fürsten motiviert, haec vulgus, proceres atrociora. Hist. V 25.

Die Ausdrücke plebs, vulgus, primores werden aber auch ohne den entsprechenden Gegensatz verwendet, Centeni comites ex plebe, wobei reges ex nobilitate zu vergleichen. Germ. 12, 7. Nach der Niederlage der Treverer, Vangionen, Tribokken, Caerakater heisst es, plebes omissis armis per agros palatur. Hist. IV 70. Alacre vulgus der Cherusker. Ann. XI. 17. Movebatur vulgus der Tungrer. Campanus ac Juvenilis e primoribus Tungrorum. Hist. IV 66.

Die Freien (Gemeinfreie und Adelige aller Stufen) dagegen umfasst der Begriff der *universi* und *omnes*, sei es in dem Kreise einer Ackerbaugemeinschaft, agri pro numero cultorum ab universis occupantur, oder im Kreise der Stammgenossen, majoribus rebus omnes consultant. Germ. 26, 11.

Wie weit die von Caesar verwendeten synonymen Ausdrücke plebs und humiliores, potentiores und potentissimi sich mit der plebs und den nobiles des Tacitus decken, ist nicht ersichtlich. Ne latos fines parare studeant, potentioresque humiliores possessionibus expellant; — — ut animi aequitate plebem contineant, cum suas quisque opes cum potentissimis aequari videat. Gall. VI 22.

Die Hörigen und Freigelassenen.

Ausserhalb der Freigeborenen, der das Gemeinwesen bildenden Gemeinfreien und Adeligen stehen die Klassen der Hörigen, servi und der Freigelassenen, liberti, libertini. Die vier Stände werden aufgeführt: Neque nobilem, neque ingenuum, ne libertinum quidem; — servum. Germ. 44.

Die Hörigen sind von dem Gemeinwesen ausgeschlossen. Sie gehören ausschliesslich dem Hause an. Denn der Unfreie, der auf Befehl des Königs der Suionen die Waffen des Stammes unter Verschluss hat, ist märchenhaft. 44.

Das Haupt des Geschlechts ist der Herr, dominus des Hörigen. Innerhalb des Geschlechts wachsen die freien und unfreien Kinder miteinander auf; erst das Jünglingsalter scheidet sie. Bei den Sueben ist dann die Trennung schärfer, als bei den westlichen Stämmen. 20, 38.

Die Hörigen haben Haus und Hof. Der Herr legt ihnen Abgaben von Getreide, Vieh, Kleidern auf. Als Haussklaven werden sie nicht verwendet. Selten werden sie geschlagen, gefesselt, durch Arbeit gezüchtigt. Sie zu töten ist für den Herrn straflos, aber es geschieht nur im Zorn. 25. Die Unfreien, die nach dem Umzug der Erdmutter Nerthus die Gottheit und deren Wagen waschen, werden vom See verschlungen. 40. Der Kriegsgefangenschaft als Entstehung der Unfreiheit gedenkt Tacitus in zwei Fällen. Als im Jahr 18 die Flotte des Germanicus in der Nordsee zerstört wurde, wurden kriegsgefangene Römer landeinwärts als Unfreie verkauft, aber von den romfreundlichen Angrivariern losgekauft; und 40 Jahre nach der Schlacht im Teutoburger Walde befreiten die Römer einige römische Sklaven, die aus jenem Sieg herrührten, aus der Gewalt der Khatten. Ann. II 24; XII 27. Germanen verlieren auch im Spiel auf einen letzten Wurf ihre Freiheit und werden vom Gewinner verkauft, um sich von der Beschämung seines Sieges zu befreien. Germ. 24.

„Die Freigelassenen stehen nicht viel über den Unfreien, selten haben sie einige Bedeutung im Hause, in domo, niemals im Gemeinwesen, in civitate, ausgenommen bei den Stämmen, über welche Stammkönige herrschen. Hier steigen sie über Freigeborene und Adelige empor. Bei den übrigen Stämmen ist ihre ungleiche Stellung ein Beweis der Freiheit." Liberti non multum supra servos sunt, raro aliquod momentum in domo, nunquam in civitate, exceptis dumtaxat iis gentibus, quae regnantur, ibi enim et super ingenuos et super nobiles ascendunt: apud ceteros impares libertini libertatis argumentum sunt. Germ. 25. — Ne libertinum quidem. 44.

Auf die Zahl und wirtschaftliche Bedeutung der Hörigen ist nur aus der Art, mit der Tacitus ihre Verhältnisse bespricht, zu schliessen, während über die Zahl der Freigelassenen keine Andeutungen gemacht sind.

Die Stämme.

Das Volk der Germanen zerfällt in Stämme (Völkerschaften), in denen sich die Sippen und Geschlechter der Freien samt deren Hörigen zu einem Ganzen gruppieren. Einige sechzig Stämme werden zu Caesars Zeit gezählt, zu der des Tacitus fallen dreiundzwanzig in das bekanntere Gebiet zwischen dem Rhein, dem untern Main, der untern Saale, Elbe, Nordsee von 2300 Quadratmeilen, oder auf den Stamm hundert Quadratmeilen. Delbrück rechnet bei Wald und Sumpf und geringem Ackerbau höchstens 250 Seelen auf die Quadratmeile, so dass sich also — alles im Durchschnitt — 25000 Einwohner darunter 5000 Krieger (also ein Fünftel) auf den Stamm ergeben. (Caesar berechnet bei den

Kelten ein Viertel. Gall. I 29.) Eine Bestätigung dieser Ziffer findet er in der die höchste Regierungsgewalt ausübenden Stammversammlung, von der man annehmen müsse, „dass auch wirklich die gesamte Kriegerschaft (die gesamten Berechtigten) sich so ziemlich zusammen gefunden habe.“ Denn der im Mittelpunkt des Stammgebiets belegene Versammlungsort müsse in einem Tagemarsch zu erreichen sein, und eine einheitlich funktionierende Versammlung könne nicht wohl über 5—6000 Mann stark sein.

Diese Durchschnittsziffern geben jedoch keine Vorstellung von dem Umfang der grössern Stämme, z. B. der Bataver, Friesen, Chauken, (Germ. 35), Cherusker, Chatten und anderer, deren Bevölkerung und Verfassung Tacitus doch wohl vor allen im Auge gehabt hat. Delbrück schätzt sie auf 50—60000, später (in der Kriegsgeschichte) auf 35—40000 Einwohner, darunter 12000, später 6—10000 Krieger und zieht von letzterer Ziffer 1000 bis 2000 Fehlende ab, womit denn die verhandlungsfähige Zahl von 5—6000 wieder hergestellt ist. Aber es fehlt für diese Annahme an Anhaltspunkten und es will mich bedünken, dass der Umfang des Gebiets und die Einwohner- und Kriegerzahl der grössern Stämme zu gering geschätzt sind. (Delbrück, Der urgermanische Gau und Staat in den Preussischen Jahrbüchern, Band 81, 1895 S. 471 und folgende; Geschichte der Kriegskunst II. Teil, 1902, S. 31 und folgende.)

———

Drittes Kapitel.

Der Kultus.

Die Kultusverbände.

Stammeltern der Germanen sind nach dem Mythus der aus der Erde entsprossene Tuisto, sein Sohn Mannus, und dessen drei Söhne Ingvas oder Ing, Istvas und Erminas oder Irmin, von denen die Westgermanen in Deutschland abstammen: die Ingväonen (an der Nordsee), die Istväonen (zwischen Rhein und Weser) und die Herminonen (an der oberen und mittleren Elbe). Dazu treten jenseits der Oder die Ostgermanen, die gotisch-vandalische Völkergruppe und die skandinavischen oder nordgermanischen Stämme. Im einzeln ist die geographische Lage dieser Gruppen und der ihr zugehörigen Stämme unsicher.

Sie verehren die Götter Germaniens, Germaniae dei, penetralis Germaniae dei, dei communes, Hist. V 17; Ann. II 10, I 59; Hist. IV 64, vor allen den Wodan (Mercurius), Tiu (Mars), Donar (Hercules), Germ. 9, 39.

Jede jener Gruppen und in ihr jeder Stamm bildet einen Kultusverband, der sein Heiligtum besitzt, einen uralten Hain. Denn unvereinbar halten die Germanen es mit der Grösse der Götter, sie in Wände einzuschliessen oder nach Menschenart darzustellen. Aber sie weihen ihnen Haine und nennen diese nach dem Namen der Götter. Hier werden die von keiner Arbeit berührten weissen Rosse gepflegt, die Vertrauten der Götter, conscii deorum, hier deren Attribute, effigies et signa, die Tierbilder, ferarum imagines aufbewahrt, mit denen der Heerbann in das Feld zieht. Hier werden die Feste der Gesamtheit gefeiert. Germ. 9, 10, 7; Hist. IV 22.

Priestertum und Obrigkeit.

In gleicher Weise gläubig sind das Volk, die Fürsten, die Priester. Non solum apud plebem, apud proceres, apud sacerdotes etc. Die letzteren vor Allen sind die Diener der Götter, ministri deorum. Zu gottesdienstlichen und obrigkeitlichen Handlungen vereinigen sich Priestertum und Obrigkeit, sacerdotes und proceres. Si publice consultetur. Publice aluntur. Caeso publice homine. Germ. 10, 39.

Wie die Fürsten, so werden wahrscheinlich die Priester aus dem Adel entnommen. Dass sie durch eine alle umfassende Organisation zusammen gehalten werden, ist nicht ersichtlich, auch nicht anzunehmen, da Caesar die germanischen Priester ausdrücklich von den keltischen unterscheidet, welche eine in sich geschlossene Kaste bilden. Gall. VI 21. Aber Tacitus hebt aus den sacerdotes einen sacerdos civitatis, einen Stammpriester hervor, der mit dem König und dem Stammfürsten im Parallele gestellt wird. Sacerdos civitatis. Sacerdos (sc. civitatis) ac rex vel princeps civitatis. Germ. 10. Einen solchen lebenslänglichen Stammpriester der Burgundionen, Sinistus genannt, erwähnt Ammian: Sacerdos apud Burgundios omnium maximus vocatur Sinistus et est perpetuus, XXVIII 5, 14. Auch der höchste Priester einer Völkergruppe wird unter dem sacerdos civitatis inbegriffen sein (siehe unten), und so mag es auch einen Priester der Gemeinde, der Hundertschaft, des Gaus geben.

Die Bundesheiligtümer.

Sie werden den vier grossen Kultusverbänden zugeschrieben.

Die an der Nordsee gelegenen Stämme der Ingväonen gruppieren sich um eine Insel, in deren heiligem Hain die Erdmutter Nerthus weilt. Ihr Umzug durch die Insel bringt den Frieden. Ihren Wagen zu berühren, ist nur dem Priester gestattet. In commune Nerthum, id est Terram matrem colunt. Est in insula Oceani castum nemus (templum). Non bella ineunt, non arma sumunt. Attingere uni sacerdoti concessum. Idem sacerdos. Germ. 40.

Zwischen Rhein und Weser ist ursprünglich Wodan der Gott der Istvaeonen. Das in ihrem Bereich bei den Marsen gelegene Heiligtum der Göttin Tanfana liess Germanicus dem Boden gleich machen. Celeberrimum illis gentibus templum, quod Tanfanae vocatur. Ann. I 51.

Die Herminonischen Stämme der Sueben an der oberen und mittleren Elbe versammeln sich, vertreten durch Gesandtschaften, zu bestimmter Zeit in einem im Gebiet der Semnonen gelegenen, durch uralte Verehrung geheiligten Walde. Hier ist der Ursprung des Volkes, das Heiligtum des allwaltenden Gottes Tiu, dem Menschenopfer gebracht werden. Stato tempore in silvam auguriis patrum et prisca formidine sacram omnes ejusdem sanguinis populi legationibus coeunt, caesoque publice homine celebrant etc. Ein Teil der Sueben opfert auch der „Isis“, Germ. 39, 9.

Die Vandalischen Stämme der Lugier um die Oder verehren in einem im Gebiet der Naharvalen gelegenen, uraltem Gottesdienst geweihten Wald die brüderlichen Alci. Den Dienst leitet ein Priester in weiblichem Ornat. Apud Naharvales antiquae religionis lucus ostenditur. Praesidet sacerdos muliebri ornatu. Numini nomen Alcis. Ut fratres, ut juvenes venerantur. Germ. 43.

Der Priester der Nerthus und der Alci erscheint jeder als sacerdos civitatis.

Die Stammheiligtümer.

Sie werden bei den Cheruskern und Batavern erwähnt. In

ihnen werden auch für das Geschick der Stämme entscheidende Verhandlungen gepflogen. Der heilige Hain der Cherusker ist dem Donar geweiht. Silva Herculi sacra. Hier an der rechten Weser beschlossen Armin und die Bundesgenossen die Art, in der der Kampf gegen die Römer fortzuführen. Civilis rief die Fürsten und energische Gemeinfreie der Bataver in ihren heiligen Hain zum Aufstand gegen die Römer auf. Civilis primores gentis et promptissimos vulgi sacrum in nemus vocatos. Auch bei den Friesen scheint der lucus Baduhennae ein heiliger zu sein. Ann. II 12; Hist. IV 14; Ann. IV 73.

Nicht den väterlichen Göttern, den dis patriis geweiht, sondern eine römische Einrichtung war der Altar der Ubier, ara Ubiorum, deren Priester Segimund, der Sohn des Segest war. Ann. I 59, 57.

(Siehe Brunner, Müllenhof, Schröder.)

Allgemeines schildert die Germania, wie die Priester den Willen der Götter deuten, wie sie die Akte der Obrigkeiten weihen, und die Opferfeste feiern.

Lose und Wahrzeichen.

Durch sortes und auspicia erkennt man die Zukunft und den Ratschluss der Götter. Handelt es sich um das Geschick der Sippe, so ist der Hausvater, pater familiae der Deutende, sind es Angelegenheiten des Gemeinwesens, und damit des *öffentlichen Kultus*, so ist es der Stammpriester, sacerdos civitatis. Si publice consultetur, sacerdos civitatis, sin privatim ipse pater familiae — — interpretatur. Wahrzeichen sind Stimmen und Flug der Vögel und — gleich überzeugend für Volk, Fürsten und Priester, nec ulli auspicio major fides, non solum apud plebem, sed apud proceres, apud sacerdotes. — das Wiehern und Schnauben der weissen Rosse, deren Wagen von dem Stammpriester und (bei Gauverfassung) von dem Stammfürsten, oder (bei Stammverfassung) von dem Stammkönig begleitet wird. Sacerdos (sc. civitatis) ac rex vel princeps civitatis comitantur.

Auch der Zweikampf zwischen den Gliedern feindlicher Stämme gilt für eine Vorentscheidung des Krieges. Germ. 10.

Die Frauen.

Auch „in ihnen sehen die Germanen etwas Heiliges und Prophetisches, sanctum aliquid et providum, und verwerfen weder ihren Rat, noch lassen sie ihre Aussprüche ausser Acht.“ Im Heer des Ariovist erklärten die Mütter der Geschlechter, dass der Kampf vor dem Neumond verderblich sein würde, und Ariovist zögerte infolgedessen, die von Caesar angebotene Schlacht anzunehmen. „Denn es ist eine hergebrachte Vorstellung, nicht wenige Frauen für Seherinnen oder gar Göttinnen zu halten.“ Solche waren in älterer Zeit Albruna und andere, zur Zeit des Bataveraufstandes eine Jungfrau der Brukterer Veleda, die eine ausgebreitete Herrschaft übte, late imperitabat. Fern von dem Anblick der Menschen lebte sie auf einem Turm, von dem aus ein Erwählter ihrer Verwandten wie ein Vermittler der Gottheit Ratschluss und Antwort überbrachte. Gall. I 50; Germ. 8. Hist. IV 61, 65. —

Die Priester in der Stammversammlung und dem Heer.

Während der sacerdos civitatis im Verkehr mit den heiligen Rossen, als den Vertrauten der Götter, in Gemeinschaft mit dem rex vel princeps civitatis handelt, stehen „sacerdotes“ in der Landesgemeinde dem rex vel princeps (sc. civitatis), in dem Heerbann dem dux zur Seite. Dort handhaben sie neben dem Leitenden die Sitzungspolizei. Sie gebieten Schweigen, und erzwingen es, wenn nötig. Hier vollstrecken sie die vom Herzog beschlossenen Strafen in der Form einer feierlichen Kultushandlung, als wären sie von der Gewalt des Gottes (Wotan) selbst gedeckt. (In concilio) silentium per sacerdotes, quibus tum et coercendi jus est, imperatur. Neque animadvertere, neque vincire, ne verberare quidem nisi sacerdotibus permissum, non quasi in poenam nec ducis jussu sed velut deo imperante, quem adesse bellantibus credunt. Germ. 11, 7. Baumstark. Siehe unter Kap. VII.

Die Opferfeste.

An den regelmässigen drei des Jahres nimmt wie an dem Heerbann und der Landesgemeinde jeder wehrhafte Freie teil, nur nicht der Feigling, der seinen Schild im Stich gelassen. Arma sumere. Sacris adesse aut concilium inire. Germ. 13, 6.

Man feiert die Götter in tiefer Ehrfurcht, um sie zu versöhnen, um ihre Gnade, ihre Anwesenheit auch im Kriege herbeizuführen oder durch ihr Erscheinen Friede und Freude zu sichern und wiederherzustellen. Martem animalibus placant. Deo quem adesse bellantibus credunt. Multa cum veneratione. Non bella ineunt, non arma sumunt, pax et quies inmota. Germ. 9, 7, 40.

Man bringt ihnen Opfer von Tieren, dem Wotan und Tiu auch von Menschen, letzterem insbesondere an dem grossen Fest der Sueben. Germ. 3, 39.

Die Kimbern und Teutonen schlugen im Jahr 103 bei Aransio das römische Heer, das angeblich aus 80000 Soldaten und 40000 Trossknechten bestand. Die Überlebenden weihten sie den Göttern; sie henkten die Gefangenen und ertränkten die Rosse. Sie vernichteten die gesamte Beute an Waffen und Kostbarkeiten oder warfen sie in die Rhone. Livius 67; Dio 90, 91. Mit Entsetzen sahen im Jahr 15 die Krieger des Germanicus auf dem Schlachtfeld des Teutoburger Waldes die Altäre, auf denen Tribunen und Centurionen geschlachtet waren, die Galgen für die Gefangenen, die Gruben für die Leichen. Ann. I 61. Hermunduren und Khatten weihten vor der Schlacht um ihren salzhaltigen Grenzfluss im Jahr 58 alles Lebende, Mann und Ross dem Wotan und Tiu. Die Hermunduren waren die Sieger, die Khatten die Opfer. Ann. XIII 57.

Wenn Caesar sagt, die Germanen legen den Opfern kein grosses Gewicht bei, nec sacrificiis student, Gall. VI 21, so mag er nach dem Zusammenhang seiner Worte nur ihre freiere Anschauung im Gegensatz zu der devoteren der von Druiden beherrschten Kelten hervorheben wollen. —

Fasst man das Gesagte zusammen, so ergibt sich, dass Priestertum, Obrigkeit und militärische Führung, sich gegenseitig ergänzend, in dem Einen Gemeinwesen sich vereinigen.

Viertes Kapitel.

Die militärische Verfassung.

Stammheer und Bundesheer.

Die politische Verfassung ist aus der Organisation des Heerbanns hervorgegangen, die also zunächst darzustellen ist.

Der *Heerbann des Stammes* besteht aus der Gesamtheit der wehrhaften Freien (S. 12); nur wer den Schild verloren, wird ausgestossen. Germ 16. Caesar nennt das Stammheer copiae oder manus: copiae der Nervier, der Menapier der Aduatuker, der Sueben, der Eburonen. Gall. II 17, 29; VI 10, 5, 34. Tacitus bezeichnet es nach dem Stamm z. B. Cherusci, Batavi. Ann. II 17; Hist. IV 23. Andere Bezeichnungen sind universa gens, Hist. IV 21; omnis juventus, Gérm. 6; Hist. IV 66; catervae, Ann. II 51; II 17; Hist. IV 58, cuneus, Hist. IV 16; V 16, 68. Der Ausdruck exercitus wird nur für die wohlgerüsteten und disziplinierten Heerbanne der Chauken und Khatten gewählt, prompta omnibus (Chaucis) arma et si res poscat exercitus. Plusreponere in duce quam in exercitu (Khatten), Germ. 35, 30, und für die des Civilis erst, nachdem die römisch vorgebildeten Veteranencohorten mit ihm vereinigt waren. Civilis adventu veteranarum cohortium justi jam exercitus ductor. Hist. IV 31.

Kämpfen die *Heere mehrerer Stämme* vereinigt, so bleibt ein jedes in seiner abgesonderten Organisation bestehn.

In dem Heer des Ariovist waren im Jahr 58 in der

Schlachtordnung Haruden, Markomannen, Triboken, Vangionen, Nemeten, Sedusier, Sueben, jeder Stamm für sich mit gleichen Zwischenräumen aufgestellt, generatim pluribus intervallis. Gall. I 51. Bei Idisiaviso waren im Jahr 16 den Römern gegenüber zwei feindliche Heerhaufen und ausserdem die Cherusker aufgestellt, duo hostium agmina, — — medii inter hos Cherusci, Ann. II 17. Während des Bataveraufstands vom Jahr 69 zog Civilis in der Mitte, Scharen von rechtrheinischen Germanen an beiden Seiten des Rheins nach Vetera, und hier stellte sich jeder Stamm für sich auf, damit die Tapferkeit eines jeden um so deutlicher hervortrete. Batavi Transrhenanique — — sibi quaeque gens consistunt. Hist. IV 22, 23. In der Schlacht bei Trier waren die Ubier und Lingonen im Mitteltreffen, die batavischen Cohorten auf dem rechten, Brukterer und Tenkterer auf dem linken Flügel, bei Vetera Bataver und Kugerner rechts, die Überrheinischen links. Hist. IV 77; V 16. —

Fussvolk, Reiterei, gemischte Truppe.

Innerhalb des Stammheerbanns werden Fussvolk, Reiterei und eine gemischte Truppe unterschieden. Die Stärke der Germanen liegt nach Tacitus vorwiegend, die der Khatten allein im Fussvolk. Die Tenkterer dagegen zeichnen sich durch kunstgerecht ausgebildete Reiterei aus; die Bataver haben auserlesene Reiter, die in ganzen Schwadronen mit Pferd und Waffen den Rhein durchschwimmen. In universum aestimanti plus penes peditem roboris. (Chattorum) omne robur in pedite. Tencteri — — equestris disciplinae arte praecellunt. (Batavis) erat delectus eques, praecipuo nandi studio arma equosque retinens integris turmis Rhenum perrumpere. Germ. 6, 30, 32; Hist. IV 12. Reiter und Fusskämpfer (Zwischenkämpfer), beide in gleicher Anzahl, bilden die gemischte Truppe. Gall. I 48.

Organisation von Fussvolk und Reiterei.

Das Stammheer zerfällt in verschiedene *Abteilungen,* in bezug auf deren Organisation zwei Phasen zu unterscheiden sind; die der Normalzahlen und die der angesiedelten Geschlechter.

Der ersten Phase der *Normalzahlen* entsprechen beim Fussvolk die milia Caesars und die centeni des Tacitus.

Die Erzählung Caesars über die gesellschaftlichen Verhältnisse der Sueben (Khatten usw.) beruhn auf Hörensagen: Sie sollen hundert Gaue, centum pagos haben. Ieder Gau hat 2000 wehrhafte Männer, zur Hälfte Krieger, singula milia armatorum, Tausendschaften. Gall. IV 1. Nach Tacitus werden die Zwischenkämpfer der gemischten Truppe aus dem gesamten Heerbann gewählt, ex omni juventute, und zwar aus jedem Gau. Sie heissen centeni und was anfangs Zahl war, ist nun ein Name und eine Ehrenbezeugung. Definitur et numerus: centeni ex singulis pagis sunt, idque ipsum inter suos vocantur, et quod primo numerus fuit, jam nomen et honor est. Germ. 6. Es sind nicht etwa hundert aus jedem Gau, denn nach Caesar ist ihre Zahl gleich der der Reiter und das Verhältnis der Reiterei zu dem Fussvolk ist bei den Stämmen verschieden. Aber sie sind die Tüchtigsten des Heeres, ein Ausschuss aus den Gauen und ihr Name deutet auf den Zahlbegriff der Abteilungen hin, in welche die Tausendschaft zerfällt, auf die Hundertschaften. Zwar deren Zahlbedeutung, sagt Tacitus, ist geschwunden, aber der Name „Hunderter“ ist als ehrenvoller geblieben.

Die Einteilung des Heeres in Tausendschaften und Hundertschaften ist eine bloss persönliche. Sie enthält die Gliederung der Masse und der Umfang jeden Gliedes ist in der unbeweglichen Normalzahl zum Ausdruck gelangt.

Dass diese Heeresabteilungen auf die Urzeit zurückzuführen sind, geht aus der geographischen Verbreitung dieser Zahlensysteme über grosse Teile von Asien und Europa hervor. Wie lange sie sich auf der Wanderung erhalten haben, muss dahingestellt bleiben.

Die zweite Phase ist die der *angesiedelten Geschlechter*, welche bei Fussvolk und Reiterei Tacitus als die aktuelle schildert.

Engere und weitere Verwandtschaften, „nach Sippen geordnete Geschlechter“, stehn im Geschwader und Keil zusammen. Non casus nec fortuita conglobatio turmam aut cuneum facit, sed familiae et propinquitates. Germ. 7. Es sind die fara der Langobarden, die heris generationes, genealogiae der Alamannen. Eine Gliederung ist es nach dem Prinzip der natürlichen Zusammengehörigkeit, der lebendigen, sich fortentwickelnden Einheit, die durch Anpassung an das Zahlensystem ihrer Eigenart entkleidet werden würde.

Nicht nur der einzelne steht neben seinem Geschlechtsgenossen, sondern Geschlecht reiht sich an Geschlecht, und ihr Inbegriff bildet das Heer.

Diesem persönlichen Prinzip des Geschlechtsverbandes gesellt sich ein räumliches hinzu. Caesar zeigt bereits 150 Jahre früher, in der Zeit der lockern, wechselnden Besiedelung Sippen und Geschlechter der Menschen. Gentibus cognationibus hominum, qui una coierunt etc. Gall. VI, 22. Die familiae et propinquitates des Tacitus, und die gentes cognationes hominum des Caesar fallen zusammen, es sind die *angesiedelten* Geschlechter, die in ihrem Inbegriff einerseits das Heer, andererseits das Gemeinwesen bilden. Der Siedelung ist denn auch der Namen für eine der Abteilungen des Heeres entnommen. Die alte „Tausendschaft“ ist zum „pagus“ geworden; sie wird an den grossen Siedlungsbezirk, den *Gau, pagus* geknüpft; und damit ist erwiesen, dass nicht mehr die starre Zahl, sondern die Entwicklung der angesiedelten Gaubevölkerung dem „Heergau“ zugrunde liegt. Caesar bezeichnet zunächst die Abteilungen der Kelten als Heergaue, pagi (insbesondere den auf der Wanderung befindlichen helvetischen pagus Tigurinus und pagus Verbigenus) und hat dann denselben Ausdruck für die Heergaue der Sueben, centum pagi Sueborum, die im Jahre 58 auf der Heerfahrt am Rhein standen, und ebenso sind die pagi des Tacitus, aus denen seine centeni entnommen werden, nicht die räumlichen, sondern die Heergaue. Gall. I 12, 27, 37; Germ. 6.

Hiernach ergibt sich das viel besprochene Verhältnis, in dem das Zahlensystem zu dem der Geschlechterverbände steht. Das erstere ist das ältere, von dem nur der Name übrig geblieben ist, wie Tacitus zu den centeni anmerkt, das zweite ist das mit der Ansiedlung verknüpfte, das aktuelle.

Taktische Formen: Keile, Phalanx und gemischte Truppe.

Die Schlachtordnung des Fussvolkes des Stammes, acies instructa besteht entweder in einer Mehrheit von Keilen oder aus der einheitlichen Phalanx. Ihre innere Stärke beruht in den Geschlechtern, deren Glieder, nach Sippen geordnet zusammen stehn. Beide Formen sind auf Offensivstösse berechnet. Acies instructa. Gall. VII 28. Acies per cuneos componitur. Germ. 6, 7.

Über die Gestalt des *Keils* sagt Tacitus: Civilis haud porrecto agmine sed cuneis adstitit, nicht in ausgerichteter Linie, sondern in Keilen. Hist. V 16. Der Keil ist eine dicht gedrängte Schar, auf allen Seiten, in Front, Rücken und auf den Flanken wohl gedeckt (Batavi) veteres militiae in cuneos congregantur, densi undique et frontem tergaque ac latus tuti. Hist. IV 20. Nach Vegetius ist er ein Trupp, der vorn schmaler, nach hinten breiter sich auf den Feind stürzt, multitudo peditum, quae juncta acie primo angustior deinde latior in hostes irrumpit. III 19. Er hat die Gestalt eines Eberkopfes, svinfylking im Norden, caput porci, eines Delta. Bei Agathias war die Aufstellung des fränkisch-alamannischen Heeres bei Capua *οἱονεὶ ἔμβολον* in der Gestalt eines Delta, dicht geschlossen und mit Schilden gedeckt.

Auch die Kelten und Römer kennen den Keil. Jene verwendeten ihn in Avaricum: Cuneatim acie instructa, im bellovakischen Krieg: in hostium (der Kelten) cuneos. Gall. VII 28; VIII 14; die Römer bei Aduatuca, wo die ausgeschlossenen Soldaten einen Keil bildeten, um sich zum Lager durchhauen zu können. Cuneo facto, ut celeriter perrumpant. Gall. VI 40. Bei Ammian stürmten im Jahre 358 im Kampf gegen die Limiganten, die Römer voran, in vorn schmal zulaufender Ordnung, desinente in angustum fronte, quem habitum caput porci simplicitas militaris appellat. 17, 13, 9.

Delbrück erklärt den Keil für einen Gevierthaufen z. B. bei 400 Mann 20 tief, und 20 breit, bei 10000 Mann 100 tief und 100 breit, kein eigentliches Quadrat, sondern ein Rechteck, dessen Front die schmälere Seite ist, da beim Marsch der Gliederabstand etwa doppelt so gross ist als der Rottenabstand.

Während die vielfache Erwähnung des Keils erkennen lässt, dass er die gebräuchliche taktische Form der Germanen und Kelten ist, bezeugt Caesar ein Gleiches auch von der Phalanx des Germanen.

Eine *Phalanx* (die Aufstellung in Linie, bei 10000 Mann 1000 Mann breit, 10 Mann tief), bildeten die Germanen des Ariovist und deckten sie nach allen Seiten durch zusammengefügte Schilde. Aber die Legionssoldaten sprangen auf dies Schilddach, rissen es auseinander und verwundeten von oben. Germani ex consuetudine sua phalange facta (!) impetus gladiorum exceperunt. Nostri milites, qui in phalangos (!) ensilerent. Gall. I 52.

Auch die keltischen Helvetier bildeten in dem Kampf gegen Caesar eine Phalanx, schlugen in dichtgeschlossener Schlachtordnung die römische Reiterei, und griffen das erste Treffen des gegnerischen Fussvolkes an. Ihre Phalanx wurde dann aber mit leichter Mühe gesprengt, da die Wurfspiesse der Römer von der Höhe kamen. Helvetii confertissima acie, rejecto nostro equitatu phalange facta sub primam nostram aciem successerunt. Milites e loco superiore pilis missis facile hostium phalangem perfregerunt. Gall. I 24, 25.

Delbrück, Geschichte der Kriegskunst II S. 48 und folgende.

Die *gemischte Truppe* und ihre Taktik schildert Caesar bei dem Heer des Ariovist: „Es waren 6000 Reiter und ebensoviel sehr hurtige und tapfere Zwischenkämpfer, welche sich die einzelnen Reiter aus dem gesamten Heer zu ihrem Beistand auserwählt hatten. Mit ihnen verkehrten sie im Gefecht. Auf sie zogen sich die Reiter zurück und jene eilten zu Hilfe, wenn die Reiter ins Gedränge kamen. Wenn einer schwer verwundet vom Pferde gefallen war, so umstellten sie ihn. Wenn weiter vorzurücken oder schneller zurückzuweichen war, so war ihre Schnelligkeit so gross, dass sie, in die Mähne der Pferde greifend, mit den Reitern gleichen Schritt hielten." Caesar selbst warb während des grossen keltischen Aufstandes und des bellovakischen Krieges germanische Reiter und mit ihnen zu kämpfen gewohnte Fussgänger. Gall. I 48; VII 65; VIII 13.

Bei Tacitus ist es eine Ehre, ein „Hunderter" zu sein. „Ihre Schnelligkeit passt sich dem Reiterkampf an." Germ. 6.

Nach Ammian haben sie insbesondere auch die Aufgabe, während des Kampfes das Pferd des Gegners niederzustechen, oder ihn selbst herabzuziehn und zu durchbohren. 16, 12, 22.

Auch den Kelten ist die Taktik der Mischkämpfer bekannt. Sie stellten zwischen die Reiter auch einzelne Bogenschützen und leicht bewaffnete Fussgänger, die den Weichenden zu Hilfe eilen und den Angriffen der römischen Reiter Stand halten sollten. Gall. VII 18, 36, 80.

Die Anführer.

An der Spitze des Heeres und seiner Abteilungen stehen Anführer, der Oberbefehlshaber, dux oder rex, die Führer der Heergaue, principes, die sich zum Kriegsrat vereinigen, die Führer der Hundertschaften, die Hunnen, und die Ältesten der Geschlechter und ihrer Sippen, majores natu und patres familias.

Die Organisation des Fussvolks und seiner Abteilungen bildet die Grundlage für die Einrichtungen des politischen Gemeinwesens, der sich entwickelnden Gemeinde, der Hundertschaft, des Gaus, und die Häupter des Heeres sind in der Regel zugleich die Häupter des Gemeinwesens. (Siehe Kapitel VI.)

Die Aufstellung zum Kampfe.

Die Schlachtordnung, acies instructa des Fussvolks setzt sich aus den Keilen zusammen, oder bildet die Phalanx. Die Attribute der Götter und die Tierbilder, die den heiligen Hainen entnommen sind, begleiten sie. Vor der Schlachtordnung breiten sich Reiter und Zwischenkämpfer aus. Delectos ante aciem locant. Germ. 6. Nackt schwingen sie die Schilde über dem Kopf, lassen die Waffen erklirren, und das Heer ertönt von dem wilden Gesang der Männer und dem Geheul der Weiber. Vegetius de re militari 3, 18. Familiae et propinquitates. Effigies et signa. Germ. 7. Hist. IV 22. Im Jahr 26 nach Chr. liess eine sygambrische Kohorte Kriegsgesang und Waffengeklirr ertönen, cantuum et armorum tumultu. Ann. IV 47. Im Jahr 69 heisst es von den Kohorten des Vitellius in Italien: Germanorum cantu truci et more patrio nudis corporibus super umeros scuta quatientium, Hist. II 22, und von den Batavern des Civilis: Virorum cantu, feminarum ululatu sonuit acies. Hist. IV 18.

Das *Schlachtlied* besingt den Donar, als den ersten aller Starken und noch nach Menschenaltern wurden die Taten des Armin verherrlicht. Carmen, clamor. Herculem (Donar) primum omnium virorum fortium ituri in proelia canunt. Germ. 2, 3. (Arminius) canitur adhuc barbaras apud gentes. Ann. II 88. Im Jahr 377 waren es die Taten der Vorfahren, welche die Gothen in Thracien mit wildem Schreien priesen. Gothi majorum laudes clamoribus stridebant inconditis. Ammian 31, 7, 11.

Der *Schlachtgesang*, carmen, cantus, clamor, barditus, barritus eröffnet den Kampf selbst. Dieser Gesang der Männer, barditus bei Tacitus, entströmt dem gegen den Schild gekehrten Munde, zurückprallend schallt er mächtig wieder, und je nach seiner Stärke erschreckt er und entflammt den eignen Mut, oder zeugt von fehlender eigner Zuversicht. Germ. 3.

Bei Ammian heisst er barritus. Hier erheben ihn die Barbaren im römischen Heer. In der Schlacht bei Strassburg vom

Jahr 357 liessen die keltischen Kornuten und Brakkaten den Gesang, clamor ertönen, der mit leisem Gesumme beginnend allmählich anschwillt und endlich erdröhnt wie die Meereswogen, die an Felsen branden, und im Jahr 377 die „Römer", welche in Thracien den Gothen gegenüber standen. Jene erhoben von allen Seiten den Schlachtgesang, leise anhebend und allmählich anschwellend, sich selbst dadurch zu starker Kraft erhebend. 16, 12, 43; 31, 7, 11.

Die Wagenburg.

Hinter der Schlachtordnung bauen die Germanen die Wagenburg auf und da finden die Frauen und Kinder ihren Platz. Die Frauen mahnen zum Sieg, flehn die Männer an, sie nicht in Gefangenschaft geraten zu lassen, stärken und ermuntern die Kämpfenden, pflegen die Verwundeten, verhindern die Flucht und sind den Geschlagenen beschämender Vorwurf. So die Frauen im Heer des Ariovist und dem des Civilis, der auch Mutter und Schwester hinter die Front stellte. Es wird erzählt, sagt Tacitus, dass manche schon wankende und weichende Schlachtordnung durch die Frauen wieder hergestellt sei. Gall. I 51; Hist. IV 18; Germ. 7, 8. Über die Wagenburgen der Gothen mehrfach Ammian XXXI.

Auch die Kelten kennen die Wagenburg. Gall. I 24, 26.

Krieg, Raubzug, Solddienst.

Beide Schriftsteller scheiden die kriegerischen Unternehmungen in Kriege, bella und Raubzüge, latrocinia, raptus, excursus. Gall. VI 23, 35; Germ. 14, 30, 35. Als dritte schliesst sich der Solddienst bei fremdem Stamm an.

Der *Krieg* wird von Stamm gegen Stamm oder gegen die Römer geführt. Nach Beratung durch die Fürsten, beschliesst ihn die Stammversammlung und setzt den Kriegsplan fest. Als Caesar im Jahr 55 über den Rhein zog, beschloss das Konzil der Sueben, dass die Städte zu verlassen, dass Weiber und Kinder und die Habe in die Wälder zu flüchten, dass die Waffenfähigen in der Mitte des Gebiets zu sammeln und von hier aus der Kampf mit den Römern aufzunehmen, so wie, dass diese Beschlüsse nach allen Richtungen zu verbreiten. Beim zweiten Rheinübergang heisst es: Sie zogen Truppen zusammen und forderten von ihren unterworfenen Stämmen Zuzug; und einige Tage später: Sie standen am Harz und hatten beschlossen, hier die Ankunft der Römer zu erwarten. Gall. IV 19; VI 10.

Dem Beschluss des Kriegs folgt die Wahl des Herzogs (Stamm- auch Bundesherzogs), an dessen Seite die Fürsten den Kriegsrat bilden. (Siehe Kap. VII, Grössere und kleinere Angelegenheiten.)

Raubzüge werden von Abteilungen des Stammheeres, von Gauen (wie bei den Alamannen) usw. oder von zu ihrem Zweck gebildeten grössern oder geringern Haufen ausgeführt. Dasselbe wird von dem *Solddienst* zu sagen sein. Die Heerfahrten von beiderlei Art entspringen der müssigen Ruhe des Friedens, welche dem Germanen verhasst ist und dienen zugleich zur Übung der jungen Mannschaft. Raubzüge sind gegen Angehörige desselben Stammes ausgeschlossen. Gall. VI 23; Germ. 14.

Der Krieg verlangt die Beteiligung jedes waffenfähigen Mannes, der Frieden lässt ihm die Freiheit der militärischen Bewegung, dem Verband die *militärische Autonomie*, das Recht der Heerfahrt. Als Raubzug ist sie gegen den fremden Stamm gerichtet, als Kriegsdienst erhöht sie dessen Macht.

Sehr lebhaft schildert Caesar eine Werbung zum *Raubzug*. Es ist einer der Gaufürsten, quis ex principibus, der in der Stammversammlung den Plan, causam darlegt, sich selbst zur Führung bietet, se ducem fore, und zur Beteiligung auffordert. Wer ihm dann Beistand zusagt, wird von den Stammgenossen belobt. Die Beitrittserklärung enthält den Abschluss eines Dienstvertrages. Wer den Führer verlässt, gilt als Verräter. Gall. VI 23.

An Raubzügen grossen Stils berichtet Caesar von dem Unternehmen der Nachbarstämme, die er selbst im Jahr 53 zur Vernichtung der Eburonen aufrief, insbesondere von 2000 sugambrischen Reitern, die bei dieser Gelegenheit beinahe das römische Lager überrumpelt hätten, und Tacitus von dem Zug der Chauken unter der Führung des Kannenefaten Gannaskus in Niedergermanien und dem der Khatten in Obergermanien in den Jahren 47 und 51 incursare duce Gannasco. Chattorum latrocinia agitantium. In den beiden letzten Fällen ging die Beteiligung augenscheinlich weit über einen Gau hinaus, Gannaskus war ein Stammfremder und die Stämme der Raubscharen wurden von den Römern zur Verantwortung gezogen. Gall. VI 35—42; Ann. XI 18; XII 27.

Zu *fremdem Kriegsdienst* zieht der junge Adel aus, um Ehre und Ruhm zu gewinnen, Germ. 14, der Gemeinfreie, um Sold zu erwerben.

Die grösste Heerfahrt ist die des suebischen Adaling Ariovist und seiner Soldtruppen nach Gallien. Von den Arvernern und Sequanern gerufen, zog er ihnen im Jahr 71 mit 15000 Mann, denen zahlreiche folgten, im Sold gegen die Haeduer zu Hilfe, non sine magna spe, magnisque praemiis; magnis jacturis pollicitationibus. Im Jahr 58 waren es 120000 Krieger. Das Ergebnis war die Gründung eines Königtums. Gall. I 31; VI 12. Eburonen und Treverer warben in den Jahren 54 und 53 unter den rechtsrheinischen Stämmen um Sold, und einige liessen sich willig finden. Man verband sich eidlich und die Treverer stellten die Zahlung des Soldes durch Geiseln sicher. Gall. V 27, 55; VI 2, 7—9. Im Jahr 51 fochten 500 germanische Reiter auf der Seite der keltischen Bellovaker, deren Zuversicht dadurch sehr gesteigert wurde. Gall. VII 7, 10. Auch Caesar bezog in den Jahren 52 und 51 zu wiederholten Malen germanische Reiter und Fusskämpfer, die in gemischter Truppe zu kämpfen gewohnt waren. Sie taten ihm in der Schlacht an der Vengeanne, vor Alesia und im bellovakischen Kriege gute Dienste. Gall. VII 65, 67, 70, 80; VIII 13. Aus späterer Zeit sei der römische Kriegsdienst des Adels hervorgehoben. Nobilissimi waren Führer der Hilfstruppen ihrer Landleute. So Arminius der ductor popularium. Sein Bruder Flavus war unter Billigung seines Stammes, volentibus

Germanis in den römischen Dienst getreten, in dem er es zu hohen Ehren brachte. Ann. II 18; XI 17; II 9. Auch die Kohorten der Bataver wurden nach altem Brauch von ihrem Adel geführt. Cohortibus, quas vetere instituto nobilissimi popularium regebant, darunter die Brüder Julius Paulus und Julius Civilis. Hist. IV 12, 13.

Alle diese Unternehmungen entspringen dem kriegerischen Tatendrang der Germanen und gehn aus der Initiative des einzelnen hervor. Aber auch der Staat hat ein Interesse daran, sie zu fördern oder zu hindern.

Sie zu fördern, so weit sie der Ausbildung und Übung der Mannschaft dienen, soweit Plan und Führer zu billigen. Der Dienst des Flavus wird gebilligt, der Gaufürst ist es, welcher wirbt, die Stammversammlung ist es, in der geworben wird; der Soldvertrag, so der Treverer kommt zustande, wenn der Staat ihn garantiert.

Sie zu hindern, wenn die Mittel an Menschen und Pferden, oder Schiffen ungenügend, die Führung keine geeignete, der Plan also aussichtslos ist. Vor allem aber, wenn sein Ergebnis zu fürchten. Denn in allen Fällen setzt das Unternehmen, sei es Raubzug, so der der Chauken, sei es Soldzug der Rache des Staates aus, gegen den er gerichtet ist.

Die Gefolgschaft.

Neben dem Volksheer besteht eine weitere kriegerische Einrichtung, die Gefolgschaft, eine auf Treuverhältnis beruhende persönliche Umgebung der Fürsten zu deren Ehre und Schutz. Sie ist in den Kapiteln 13 und 14 der Germania eingehend dargestellt.

Ein Fürst ist der Gefolgsherr, princeps; is quem sectantur, der Herr über die Gefolgen, comites, auch clientes, über den comitatus (ἑταιρεία, Polybios II 17), den electorum juvenum globus.

Ein Treuverhältnis ist es, das durch beiderseits freiwilligen Dienstvertrag geschlossen wird, sei es zwischen Fürsten und Genossen desselben Gaus oder Stammes, sei es zwischen einem

Fürsten und Genossen verschiedener. Schildert doch Tacitus, wie Krieger beim Gelage über den Anschluss an Fürsten (Gefolgsherrn) sich besprechen, de adsciscendis principibus in conviviis consultant. Germ. 22. Durch freien Anschluss an den Fürsten und durch Aufnahme in die Gemeinschaft seitens des Fürsten wird dieser der Gefolgsherr des Gefolgen, princeps suus.

Gefolgen sind wehrhafte Adelige oder Gemeinfreie, aber „Adel vornehmster Abkunft und grosse Verdienste des Vaters wenden die Auszeichnung (dignationem) der Fürsten auch ganz jungen Leuten zu, und gesellt sie zu den übrigen (ceteris) Erfahrenen und längst Bewährten. Denn es ist für keinen beschämend unter den Gefolgen zu erscheinen.“ (Dagegen führt eine andere Auslegung von „dignitatem“ und „ceteris“ zu der Auffassung, dass die Adeligen edelster Abkunft usw. den Rang, dignitatem von Fürsten und als solche ihren Platz in der Gefolgschaft des Königs oder eines Fürsten haben, während die übrigen, ceteri, die nicht vornehmer Abkunft, in das Heer eingestellt werden. Schröder).

„Innerhalb der Gefolgschaft gibt es nach der Entscheidung des Fürsten Stufen, und gross ist der Wetteifer der Aufgenommenen, den nächsten Platz bei ihm zu erringen.“

„Für den Gefolgen ist es vorzüglichste Eidespflicht, den Herrn zu verteidigen, ihn zu schützen und die eignen Grosstaten seinem Ruhm zuzuweisen.“

„Kommt es zum Treffen, so ist es schimpflich für den Fürsten, an Tapferkeit übertroffen zu werden, schimpflich für die Gefolgschaft, es der Tapferkeit des Führers nicht gleich zu tun, Schmach aber und Schande auf Lebenszeit, ihn überlebend aus der Schlacht zu weichen. Der Fürst kämpft für den Sieg, die Gefolgen für den Fürsten.“

„Von der Freigebigkeit ihres Fürsten erwarten sie Ross und Waffen. Mahlzeiten, wenn auch sehr einfache, doch reichliche Gelage gelten für Sold. Die Mittel dazu werden durch Krieg und Raubzug erworben.“

Man darf annehmen, dass jeder Fürst von einem Gefolge umgeben war; der Ehrgeiz aber ging auf ein *grosses Gefolge:* „Gross ist der Wetteifer der Fürsten, die meisten und schneidigsten Gefolgen zu haben. Das ist ihre Würde, das ist ihre Macht, immer von einer Schar auserlesener Jünglinge umgeben zu sein, im Frieden ihre Ehre, im Kriege ihr Schutz. Nicht allein im eignen Stamm, sondern auch im fremden verschafft es Namen und Ruhm, wenn sie sich durch eine starke und tapfere Gefolgschaft hervortun. Man beschickt sie mit Gesandtschaften, ehrt sie mit Geschenken und ihr Ruf allein beseitigt häufig Kriege.

Hier, im § 13 der Germania gelten die Geschenke den Fürsten als Führern einer grossen Gefolgschaft, in §§ 5, 15 den Gesandten und deren Fürsten als Obrigkeiten ihrer (mächtigen) Stämme oder als Befehlshaber ihres Heeres.

Immer sind es Herzöge und Könige, die als Häupter von Gefolgschaften erwähnt werden. Nur bei kriegerischem Anlass hören wir von ihnen, und gelegentlich auch von den Ziffern der Komitate.

Segest wurde mit einer grossen Schar von Verwandten und Gefolgen aus der Belagerung der Cherusker befreit. Inguiomer floh mit einer Schar von Gefolgen zu Marbod. Segestes magna cum propinquorum et clientium manu. Inguiomarus cum manu clientium. Ann. I 57; II 45. Gefolgen waren die delecti, mit denen Armin den Römerzug durchbrach und vermutlich auch die stipulatores, die ihn bei dem Gespräch mit seinem Bruder über die Weser weg umgaben und von ihm fortgeschickt wurden. Chariovalda, der Herzog der Bataver fiel im Kampfe, ac multi nobilium circa. Die Suebischen Könige Sido und Italicus befanden sich in der vordersten Schlachtreihe cum delectis popularium. Ann. I 57; II 65, 9, 11; Hist. III 25. Dagegen werden unter den barbari utrumque (den Marbod und Katualda) comitati und den clientes des Vannius Parteigänger zu verstehn sein, Volksgenossen, die mit Landanweisungen bedacht wurden. Ann. II 63; XII 29, 30. Am Schluss der mörderischen Schlacht bei Strassburg belief sich die Zahl der den Herzog der Alamannen Chnodomar auf der Flucht begleitenden Gefolgen noch auf 200 und drei innigst verbundene Freunde, comites ducenti numero et tres amici junctissimi. Amm. 16, 12, 60. Totila war bei Verona von 300 Gefolgen umgeben.

Von keltischen Gefolgschaften am Po erzählt Polybius II 17, in Gallien Caesar. Adiatumnus, der Feldherr der aquitanischen Sontiaten machte mit 600 Gefolgen, devoti, keltisch soldurii, einen erfolglosen Ausfall aus der belagerten Stadt, und bei dieser Gelegenheit schildert Caesar die Gefolgschaft dahin: die Gefolgen erfreuen sich mit ihrem Gefolgsherrn (ii, quorum se amicitiae dediderint; — — cujus se amicitiae devovisset) aller Annehmlichkeiten des Lebens. Bei einem Unfall aber teilen sie das Geschick des Führers, oder weihen sich dem Tode, und es ist seit Menschengedenken kein Fall vorgekommen, indem nach dem Tode des Gefolgsherrn der Gefolge sich dem Tod entzogen hätte. Gall. III 22. Litaviccus, der Führer des Fussvolks der Häduer floh von seinen Gefolgen umgeben, cum suis clientibus, für die es nach gallischer Sitte ein Frevel ist, die Gefolgsherrn, patronos auch in dem äussersten Notfall zu verlassen. Gall. VII 37, 40. Vergleiche V 3, VII 28, VIII 23.

„Nur durch Gewalt und Krieg, heisst es in der Germania weiter, ist ein grosses Komitat zusammenzuhalten. Erstarrt der Stamm in langem Frieden, so zieht die Mehrzahl des jungen Adels, plerique nobilium adolescentium, in die Fremde, um dort Krieg und Ruhm zu suchen." — Gefolgen oder nach anderer Auslegung Gefolgsherrn oder insbesondere junge Adelige, die bereits eine Gefolgschaft haben, aber noch kein Amt bekleiden (Schröder).

Die *Gefolgschaft unter zugleich militärischen und obrigkeitlichen Führern* ist eine organische Einrichtung des Heeres wie des politischen Gemeinwesens. Die oben angeführten Beispiele zeigen sie als Attribut von Herzögen und Königen und weisen darauf hin, dass unter den principes der §§ 13 und 14 der Germania überhaupt militärische und obrigkeitliche Fürsten zu verstehn sind, ausser denen der höchsten Ordnung auch die Gaufürsten.

Eine entgegengesetzte Ansicht erteilt das Recht auf Gefolgschaften jedem Gemeinfreien oder doch Adeligen, indem sie unter den principes eine besondere Art von „principes comitatus“ versteht. Aber Beispiele solcher *Privatgefolgschaften* können nicht nachgewiesen werden. Dies erweiterte Recht, heisst es, beruhe auf der kriegerischen Sitte der Germanen und der Idee der Waffenehre. Eine Vereinigung von Amtspflicht und Amtsrecht sei nur schwer verträglich (Pflicht und Recht treffen ja aber bei dem nicht bestrittenen Fürstenkomitat immer zusammen) und für die Volksfreiheit sei das ausschliessliche Recht der Fürsten gefährlicher, als das allgemeine Volksrecht, das durch sich selbt unschädlich werde. Die Theorie vom Recht, welche an die Frage erinnert, ob der Gemeinfreie zum Herzog wählbar sei, wird aber schliesslich in ihrer Bedeutung mit der Ausführung abgeschwächt, dass nach Persönlichkeit und Mitteln nur wenige in der Lage seien, von diesem glänzenden Recht Gebrauch zu machen. (Köpke.)

Fünftes Kapitel.

Die Grundformen des politischen Gemeinwesens und ihre technischen Bezeichnungen.

Die vier Stufen.

Um sich ansässig zu machen, nimmt das wandernde Heer Land, soviel es bedarf, in Beschlag, besetzt es in seinen persönlichen Gliederungen und verwächst in ihnen mit dem Boden. Die persönlichen Verbände werden damit zugleich zu räumlichen, das Heer wird zum Gemeinwesen. In welchem Umfange aber die Gliederungen des Heeres in denen der Civitas wiederzufinden, ist streitig.

Unstreitig ist nur, dass das Heer oder der Stamm (die Völkerschaft) in einem bestimmten Gebiet einen politischen Verband, den Stammverband, die Civitas bildet und dass diese, abgesehn von geringfügigen Stämmen, in Unterabteilungen zerfällt, welche in einer Verfassungsform ihren Ausdruck finden. Dann aber beginnen die Meinungsverschiedenheiten. Die einen sagen, es bestände nur eine einzige Art von Abstufungen, welche bald als Tausendschaft oder Gau, pagus, bald als Hundertschaft charakterisiert wird. Andere unterscheiden zwar Tausendschaft und Hundertschaft, sehn aber in der letzteren nur die persönliche Trägerin von Funktionen im Heer und in der Gerichtsgemeinde. Noch andere geben wie der Tausendschaft, so auch der Hundertschaft räumliche Bedeutung, und fügen ihr als untersten Verband den der Geschlechter oder der Gemeinde hinzu.

Nach meiner Auffassung zerfällt das Heer oder Volk und der von ihm besiedelte Boden in vier Stufen, vier Verbände persönlicher und räumlicher, militärischer und politischer Art, denen sich auch der Kultus der Götter anschliessen mag. Jeder Verband hat, wie es scheint, eine Versammlung, die aus den freien Männern besteht, und einen Vorsteher, der, wie man nach der späteren Zeit annehmen darf, militärische und obrigkeitliche Funktionen in seiner Person vereinigt. Eine Mehrheit der unteren Stufen bildet je die obere.

Die Grundformen dieses Gemeinwesens und die von Caesar und Tacitus zu ihrer Bezeichnung gewählten technischen Ausdrücke sind folgende:

Die erste Stufe der Gemeinde.

Ihre Grundlage bildet das „nach Sippen geordnete Geschlecht,“ domus, familiae et propinquitates, an deren Spitze der pater familias, der major natu steht. Germ. 13, 21, 7, 10; Gall. IV 13. Ein Geschlecht oder mehrere, die miteinander leben, gentes cognationes hominum, qui una coierunt; universi (cultores), Gall. VI 22, Germ. 26, bilden eine Siedlungsgemeinschaft, eine Orts- und Markgemeinde, bestehend aus dem Dorf, vicus, zerstreuten Einzelhöfen, aedificia und der Ackerflur, ager, sowie den einzelnen Ackerstücken, arva.

Vicus: Vicos locant non connexis et cohaerentibus aedificiis; suam quisque domum spatio circumdat. Per omnem vicum. Per pagos vicosque. Germ. 16, 19, 12. Omissis pagis vicisque. Ann. I 56. Aedificia: Colunt discreti ac diversi, ut fons, ut campus, ut nemus placuit. Germ. 16. Vici und aedificia. Gall. IV 19; VI 43; VIII 24. Ager, campi, arva. Germ. 26. Wenngleich nach Tacitus Städte, urbes nicht existieren, erwähnt doch Caesar die bei den Kelten üblichen ummauerten Städte, oppida auch bei den germanischen Aduatukern, Ubiern, Sueben. Germ 16; Gall. II 29; IV, VI 10; IV 19.

Bei der Wahl der Ackerflur sind magistratus ac principes tätig. Gall. VI 22.

Die zweite Stufe der Hundertschaft.

Von ihr spricht Caesar gar nicht, während Tacitus nur den persönlichen Verband überliefert, die centeni den militärischen, und die centeni ex plebe comites, den gerichtlichen. Räumlich ist jedoch der Mittelpunkt der Hundertschaften einer der vici, der hier in den Worten per vicos deren Malstätte bedeutet. Germ. 6, 12. Centena ist der spätere Ausdruck für die zweite Stufe, hunno oder centenarius für ihren Vorsteher.

Sie umfasst eine Mehrheit von Gemeinden, oder auch eine einzige von grossem Umfang, so dass also der eben erwähnte magistratus auch die Obrigkeit der Hundertschaft sein könnte.

Orts- und wirtschaftliche Gemeinden, die der ersten wie der zweiten Stufe angehören, sind z. B. bei den Alamannen aufzuweisen.

Dritte Stufe des Gaus.

Caesar bezeichnet die Krieger und Ackerbauer der Sueben als *milia*, Tausendschaften, Gall. IV 1, deren Gebiet als pagus und regio, Gau.

Den Ausdruck *pagus* für den räumlichen und persönlichen Verband verwendet er als technischen zuerst bei den Kelten. Omnis civitas Helvetiae in quattuor pagos divisa est. Is pagus appellatur Tigurinus. Hominum milia sex ejus pagi, qui Verbigenus appellatur. Gall. I 12, 27.

Dann bei den Germanen. Von den Sueben heisst es: Sie sollen hundert Gaue haben, hi centum pagos habere dicuntur. Gall. IV 1. Caesar drückt seinen Zweifel über die Ziffer aus und entnimmt der Mitteilung nur die allgemeine Folgerung, dass das Suebenvolk das bei weitem grösste der germanischen Stämme sei. Formelhaft wird dann auch der hundert Heergaue, centum pagi der Sueben gedacht, wie auch nach der Germania die Semnonen in centum pagis wohnen. Gall. I 37; Germ. 39.

Tacitus hat für den Gau immer pagus, und zwar für den räumlichen: Semnones centum pagis habitant. Chatti omissis pagis vicisque. Ann. I 56; per pagos vicosque. Germ. 12. Nerviorum Germanorumque pagis. Germanorum pagis. Hist. IV 15, 26; wie für den Heergau, pagos centum Sueborum. Ex singulis pagis. Gall. I 37; Germ. 6.

Den Ausdruck *regio* für den Gau gebraucht Caesar unzweideutig bei den Britanniern: Cantium, quibus regionibus quattuor reges praeerant. Gall. V 22. Zweifelhaft ist für Germanien bei folgenden Stellen, ob sie Gaue oder allgemeine Landschaften und deren Teile bedeuten: So bei den Eburonen regiones partesque. Gall. VI 43. Ad eam regionem, quae ad Aduatucos adjacet. Gall. VI 33. In omnes partes dispersa multitudo VI 34. Vastatis regionibus VI 44. Nuntios in omnes partes dimisissent; Locum medium fere regionum earum, quas Suebi obtinerent IV 19. In suas sedes regionesque (der Tenkterer) IV 4.

Fast identisch sind die Mitteilungen beider Schriftsteller über die Rechtsverwaltung, die Caesars: principes regionum atque pagorum inter suos jus dicunt controversiasque minuunt, Gall. VI 23, und die des Tacitus: principes, qui jura per pagos vicosque reddunt. Germ. 12.

Zweifellos ist hiernach pagus der Gau, und in den Worten Caesars: regiones atque pagi kann nur eine Häufung synonymer Ausdrücke gefunden werden.

Der hier genannte Vorsteher der dritten Stufe des Gaus ist der *princeps*, der Gaufürst. Er erstreckt die richterliche Gewalt über die Gaugenossen, die sui principis, übt sie mit den centeni ex plebe comites an der Malstätte der Hundertschaft, und ordnet mit dem magistratus die Geschäfte der Orts- und Markgemeinde.

Der Gau besteht aus einer Mehrheit von Hundertschaften.

Die vierte Stufe des Stammverbandes.

Die ethnographische Einheit des Stammes, gens, natio, populus bildet die persönliche, dessen Gebiet, fines die räumliche Grundlage der vierten Stufe, deren politische Form der Stammverband, die civitas ist. Z. B. bei Caesar Sueborum gens. Nerviorum gens, Gall. IV 1; II 28. Bei Tacitus Chatti Marcomanni Quadique. Germ. 30, 42. Gens. 1, 2. Cheruscorum gens. Ann. XI 16. Natio. Germ. 14, 34. Populus 4, 16. Chauci populus nobilissimus 35. Aber gens ist auch eine Gruppe von Stämmen, Germ. 38, 39; eine Nation 2, 4, 10, 19, 21, 26; natio auch ein Halbstamm 34, populus auch Stammteil. 29. Bei Caesar fines cujusque civitatis. Gall. VI 23; Fines Ambiorigis. V 25. Bei beiden Schriftstellern ist civitas sehr häufig.

Der Krieg, Sachen des öffentlichen Kultus und gewisse des Friedens, machen als *gemeinschaftliche Angelegenheiten der Gaue* eines Stammes, den Inhalt der vierten Stufe, des Stammverbandes aus. Ihre Verfassungseinrichtungen sind in den Kapiteln 7, 10—12 der Germania dargestellt, im Kapitel 7 reges und duces, im Kapitel 10 der sacerdos civitatis, der rex vel princeps civitatis, im Kapitel 11 der Rat der principes, das concilium, der rex vel princeps (scilicet civitatis), im Kapitel 12 der rex und die civitas.

Der Stammverband findet seine Vertretung zunächst in zwei *Körperschaften*, denen die Behandlung und Entscheidung der gemeinschaftlichen Angelegenheiten obliegt, der kleineren dem Fürstenrat, der grösseren (nach Vorbereitung im Fürstenrat) der Stammversammlung.

Der Fürstenrat besteht aus dem Gaufürsten, principes.

Die Stammversammlung (gewöhnlich Landesgemeinde genannt), concilium, umfasst alle freien und wehrhaften Stammgenossen, omnes, sowohl das Volk, plebs wie die Fürsten. Sie ist das zum Koncil vereinte Heer. Germ. 11, 12.

Zu den Organen des Stammverbandes zählt für den Kultus der höchste Priester, sacerdos civitatis. Im übrigen sind es die höchsten Obrigkeiten und zwar entweder bei geteilter Gewalt die Obrigkeit des Friedens, der Stammfürst, princeps civitatis (ohne konkrete Beziehung) und die Obrigkeit des Kriegs, der Stammherzog, dux, oder bei geeinter Gewalt der Stammkönig rex. (Siehe Kapitel VII, das Stammfürstentum, das Stammkönigtum.)

Die nähere Darlegung der der dritten und vierten Stufe angehörigen, miteinander verwandten und voneinander sich unterscheidenden Begriffe der principes und reges kann erst im achten Kapitel erfolgen.

Sechstes Kapitel.

Gemeinde, Hundertschaft, Gau.

Die Gemeinde.

Das Geschlecht ist eine Unterabteilung des Heeres (Kapitel IV), ein oder mehrere miteinander nachbarlich lebende Geschlechter bilden eine *Siedlungsgemeinschaft*, universi cultores, welche bei wechselnder Besitzergreifung von Grund und Boden ein wirtschaftlicher räumlicher Verband wird.

Eine solche Gemeinschaft nimmt baufähiges Land, eine *Ackerflur*, ager für sich in Beschlag, nach Caesar, wie viel und wo es sein mag, quantum et quo loco visum est agri, nach Tacitus nach der Zahl der Bebauer, pro numero cultorum. Ist sie abgewirtschaftet, so findet die Okkupation einer neuen statt, nach Caesar in jährlichem Wechsel, neque longius anno remanere uno in loco colendi causa licet; anno post alio transire; nach Tacitus ohne Zeitbestimmung, periodisch, agri in vices occupantur. Zu Caesars Zeit vollzieht sich der Wechsel in grossem Kreise „zwischen Pflugland und Wildnis", und Wohn- und Wirtschaftsgebäude wandern mit, ne accuratius aedificant etc., Gall. IV 1; VI 22; Germ. 16, 26, zur Zeit des Tacitus in kleinerem Kreise, „zwischen Pflugland und Dreeschland", um die Gebäude, welche der feste Mittelpunkt der Ansiedlung werden, domos figunt, fixerant domos. Germ. 43; Ann. XIII 54.

Wohn- und Wirtschaftsgebäude gruppieren sich unregelmässig zum *Dorf,* vicus. Oder sie liegen, als *Einzelhöfe,* aedificia zerstreut im Feld. Dorf und Einzelhöfe werden von der Ackerflur, diese von Wiese, Weide, Wald usw., der *gemeinen Mark,* der Allmende umgeben.

Der Okkupation der Feldflur folgt ihre *Verteilung an die Bebauer.* Jedem wird ein Anteil durch das Los zugeteilt, (agros) mox inter se partiuntur, Germ. 26, und zwar wie es nach Caesar scheint, gleich viel, ut animi aequitate plebem contineant, cum suas quisque opes cum potentissimis aequari videat, während nach Tacitus nach der Stellung, secundum dignationem unterschieden wird. Hier steht der Gemeinfreie den Adeligen und Fürsten gegenüber, aber jedem wird neben Haus und Heim für sich und seine Familie, jedem auch für den Hörigen und seine Familie zugemessen und dieser hat dem Herrn Getreide und Vieh dafür zu entrichten. (Servus) suam quisque sedem, suos penates regit; frumenti modum dominus aut pecoris — — ut colono injungit. Jeder erhält Land in reichem Ausmass, denn die Ausdehnung des baufähigen Bodens erleichtert die Verteilung, facilitatem partiendi camporum spatia praebent. 26.

Nach Jahresfrist nimmt der Bebauer nach Tacitus von dem ihm zugeteilten Pflugland ein anderes *Stück* in Betrieb und es bleibt ihm immer Land übrig. Arva per annos mutant et super est ager. Gall. VI 22; Germ. 16, 26. Brunner, Schröder.

Die Wahl einer Feldflur und deren Verteilung berührt das Interesse des Gemeinwesens wie der berechtigten Gruppen. Sie bedarf einer agrarischen Prüfung, einer Verhandlung. mit den universi und schliesslich einer autoritativen Entscheidung.

Das letzte Moment hebt Caesar hervor: Die magistratus ac principes teilen der Gesamtheit die Ackerflur zu und zwingen sie, nach Jahresfrist zum Wechsel, attribuunt atque anno post alio transire cogunt. Nach seiner Darstellung ordnen magistratus ac principus autokratisch die gesamte Angelegenheit, ohne dass er einer Mittätigkeit der Berechtigten (so wenig wie bei der rechtsprechenden Gemeinde) gedenkt. Nach Tacitus sind es die *universi* selbst, welche demokratisch wählen, unter sich, inter se verteilen und wechseln. Agri ab universis occupantur, partiuntur, mutant.

Beide Schilderungen ergänzen sich. Bei den Verhandlungen werden die berechtigten Gruppen, jedes Geschlecht durch seinen pater familiae, major natu vertreten sein. Ausserdem wird ein Organ genannt, das nur im allgemeinen als magistratus bezeichnet ist. Man könnte darin etwa den Vertreter der aus mehreren Nachbargeschlechtern bestehenden Siedlungsgemeinschaft, oder einen technischen Beamten sehen, der in der Mark Bodenqualität und Flurgebiet festzustellen hat. Als Repräsentanten des Gemeinwesens dagegen erscheinen die principes, die Gaufürsten, denen sich deren Hunnen anschliessen mögen. Gall. VI 22.

Von einer Märkerversammlung, welche schliesslich wohl das Ergebnis der Verhandlungen zu sanktionieren hatte, ist keine Rede.

Allmählich hört der Wechsel der Ackerflur auf, der Besitz wird stabil. Mit der Ausdehnung des Geschlechtes lockert sich das Gefühl der Zusammengehörigkeit und innerhalb der Siedlungsgemeinschaft verwischt sich der Gegensatz der Geschlechter. Aus Dorf und Einzelhöfen mit einheitlicher Ackerflur und gemeiner Mark wird die *Orts- und Markgemeinde* der Nachbarn, in der sich unterschiedslos der persönliche und räumliche Verband deckt. Führt die Bevölkerungszunahme zu einer Ausbreitung in der Mark, so werden neue wirtschaftliche Mittelpunkte geschaffen, eine Mehrheit von Dörfern nebst Einzelhöfen, jedes mit gesonderter Ackerflur und alle mit gemeinsamer Mark.

Die *gemeine Mark* unterliegt der Nutzung der Siedler, aber keiner Sondernutzung. Zu Caesars Zeit war die Sondernutzung der *Ackerflur* noch nicht in Sondereigen übergegangen. Privati ac separati agri apud eos (Suebos) nihil est. Neque quisquam (Germanorum) agri modum certum aut fines habet proprios. Gall. IV 1; VI 22. Wann dies später geschehen, ist nicht zu sagen. Die *Wohn- und Wirtschaftsgebäude* sind schon zu Caesars Zeit als bewegliche Habe, zu des Tacitus Zeit als unbewegliches

Gut Eigentum des Bebauers. Suam quisquam domum. Suam quisque sedem, suos penates. Germ. 16, 25.

Die Hundertschaft.

Da Tacitus nur ihren persönlichen Verband, die centeni des Heeres und die centeni ex plebe comites der Gerichtsgemeinde schildert, so hat sein Schweigen Zweifel über den *räumlichen Bestand* hervorgerufen.

Die persönliche Hundertschaft, heisst es, sei eine Abteilung des Heeres, die sich, sei es zu militärischen, sei es zu gerichtlichen Zwecken versammele, aber einer Beziehung zum Boden entbehre. Räumlich sei die Abteilung erst in fränkischer Zeit geworden.

Diese Ansicht ist zunächst ihrem Inhalt nach unwahrscheinlich. Seit der festen Ansiedlung hat sich die Hundertschaft regelmässig an dem vicus, der festen Malstätte versammelt, sie besitzt also einen räumlichen Mittelpunkt und damit schon erscheint gegeben, dass seine Nachbarschaft entscheidend dafür sei: Wer zu einer bestimmten Abteilung des Heeres als Krieger und Dinggenosse gehöre, Wer an einer bestimmten Malstätte zu erscheinen habe, und Wer persönlich und Wessen Grund und Boden dinglich der Entscheidung dieser Hundertschaft unterworfen sei.

Widerlegt aber wird die Ansicht durch die Grundlage der gesamten Organisation des Gemeinwesens.

Die bewegliche Einteilung des Heeres in Tausendschaften und Hundertschaften von Kriegern hat aufgehört, an ihre Stelle sind die Geschlechter oder Nachbarn getreten. Sie leben und siedeln zusammen, und wenn jede Gemeinde neben dem persönlichen auch einen räumlichen Verband bildet, so muss dasselbe auch von der Mehrheit der Gemeinden gelten, welche im Komplex die Hundertschaft bilden. Auch eine einzige Gemeinde grossen Umfangs mag eine Hundertschaft ausfüllen.

Ihr persönliches Substrat ist von dem räumlichen nicht zu trennen.

Der Gau.

Eine Mehrheit von Hundertschaften bildet den Gau, pagus. Wie jene ist er ein persönlicher und räumlicher Verband im Heere, früher eine Tausendschaft.

Der Gau ist eine militärische und politische Einheit. An der Spitze des Gaus steht der *Gaufürst, princeps,* (bei Strebo VII 1,4 ἡγεμών, bei Cassius Dio 56, 19; 72, 2 πρῶτος). Er ist der Führer des Gauheeres, der Richter, der oberste Verwalter der Marken seines Gebietes.

Der Gau, über den er herrscht, ist militärisch und politisch *autonom*. Wie die Sippen in Fehde leben und Blutrache üben, so die Gaue untereinander. Jeder Gau bestimmt selbständig seine Politik und kämpft für sie, sogar gegen den feindlichen Gau desselben Stammes. Das zeigt insbesondere die Geschichte der *Cherusker*.

Im Jahr 15 waren der Stamm und sogar die Geschlechter der Führer geteilt. Die Anhänger des Armin waren romfeindlich, die des Segest romfreundlich. Ihre Sippen nahmen an dieser Politik teil. Dissidere hostem inter Arminium ac Segestem. Ann. I 55, 58, 60 (vergl. auch II 83). Aber auch in den Sippen selbst treten Gegensätze hervor. Inguiomer, der Oheim des Armin, blieb während des Kampfes zwischen Armin und Segest neutral und trat erst später der Politik des ersteren bei, um schliesslich sein Gegner zu werden. Flavus, der Bruder des Armin, blieb auf römischer Seite. Entgegen der Politik seines Vaters Segest trat Segimund der nationalen Bewegung bei, um dann zum Vater zurückzukehren. Ann. 55, 57, 58, 60; II 10. Man wird Segimer (princeps, den Vater des Armin), Armin, Inguiomer, Segest, auch wohl andere Angehörige der Sippen für Gaufürsten halten dürfen, so dass Gaue gegen Gaue standen.

Die Fehde blieb bestehen. Nach den Erfolgen des Germanicus schrieb ihm Tiberius, posse et Cheruscos internis discordiis relinqui, Ann. II 26. Sie dauerten auch fort und bis zum Jahr

47 ging dabei der Adel zugrunde bis auf den einen Spross des königlichen Geschlechts, den Italikus. Nach seiner Erhebung bildeten sich wieder Parteien, die eine rief die „alte Freiheit Germaniens" an, die andere war königlich gesinnt, indem sie den Namen der Freiheit für fälschlich vorgeschützt erklärte. Bei den Kämpfen blieb Italikus Sieger, dann wurde er vertrieben und schliesslich von den Langobarden wieder eingesetzt. Endlich hörten die Gaukriege, interna bella, zwar auf, aber der Stamm sank bis zum Ende des Jahrhunderts in Zerrüttung. Ann. II 16, 17; Germ. 36.

Noch ein Beispiel politischer Trennung erzählt Tacitus aus der Zeit des Bataveraufstandes vom Jahr 70: Ein Teil der Gaue der *Kugerner* trat zur Partei des Civilis über. Proximos Cugernorum pagos. Hist. IV 26.

Noch prägnanter tritt die politische und militärische Autonomie der Gaue bei den keltischen Stämmen hervor (Siehe Kapitel XX, die Autonomie des Gaus).

Wie in erster Stufe eine Markenversammlung anzunehmen und in zweiter und vierter Stufe die Hundertschaftsversammlung und die Landesgemeinde besteht, so wird auch in dem autonomen Gau, der über die wichtigsten Dinge, wie Heerfahrt, ja Krieg und Frieden des Gaus zu entscheiden hat, eine *beschliessende Versammlung* existieren, neben der — ähnlich dem Fürstenrat, siehe Kapitel VII — ein Rat der Hunnen stehen mag.

Näheres ist nur über die Rechtsverwaltung bekannt. Träger der Jurisdiktionsgewalt sind nach Caesar die principes regionum atque pagorum, nach Tacitus die principes, also die Gaufürsten. Sie üben ihre Gewalt über den persönlichen Verband der Gaugenossen, der sui nach Caesar, und den räumlichen Verband des Gaus, per pagos bei Tacitus. Der Gaufürst besucht die Malstätte jeder Hundertschaft, per vicos, wo deren Dinggenossen centeni ex plebe comites versammelt sind (Tacitus). Er führt den Vorsitz in der Versammlung, macht ihr den Urteilsvorschlag oder erfragt aus ihrer Mitte das Urteil, das durch sie gebilligt und von ihm zur Vollstreckung ausgegeben wird. Centeni singulis (principilus) ex plebe comites consilium simul et auctoritas adsunt. Gall. VI 23. Germ. 12. Brunner.

Nach einer entgegenstehenden Ansicht sind nicht die Gaufürsten, sondern von ihnen unterschiedene „Rechtsprechende Principes" die Träger der Gerichtsbarkeit, die in der Stammversammlung gewählt würden. Eliguntur in isdem conciliis et principes, qui jura per pagos vicosque reddunt. Germ. 12. Diese könnten nicht die Gaufürsten des vorhergehenden Kap. 11 (des Fürstenrats) sein, von dessen Funktion hier geredet werde, denn es würde unlogisch sein, erst die Funktionen der Fürsten und dann deren Wahl zu behandeln.

Dass aber der Gaufürst selbst der Richter sei, hat Caesar unzweideutig ausgesprochen, und es ist nicht anzunehmen, dass auf diesem Gebiet bis zu des Tacitus Zeit eine so einschneidende Änderung eingetreten sei. Allerdings ist bei Tacitus erst von den Funktionen und dann von der Wahl die Rede, letzteres aber unter einem besonderen Gesichtspunkt. Unter einer Aufzählung der Kompetenzgegenstände der Stammversammlung wird auch der Wahl der Gaufürsten gedacht, so dass die Anordnung keineswegs zu einer Annahme von besonderen Rechtsprechenden Fürsten führt.

Siebentes Kapitel.

Der Stammverband.

Gemeinschaftliche Angelegenheiten.

Eine Mehrheit von Gauen, welche auf Blutsverwandtschaft und geschichtlicher Zusammengehörigkeit des Stammes, auf der Gemeinschaft des von ihm besiedelten Bodens beruht, bildet den Stammverband, die civitas, eine Gemeinschaft des Kultus, eine militärische Einheit und ein politisches Gemeinwesen.

Um die Eigenart dieses Ganzen zu erhalten, und nach aussen zu schützen, wird das Gebiet von künstlich geschaffenen Einöden oder Grenzzäunen umschlossen, oder von einem Gebirge schützend begrenzt. Gall. VI 10, 23, 29; II 17. Das so entwickelte und erhaltene Stammgefühl verbietet Raubzüge innerhalb des eigenen Stammes, und ihm entspricht es, gewisse Interessen der Gaue als gemeinschaftliche, als Stamminteressen zu behandeln, die Angelegenheiten des Kriegs, des öffentlichen Kultus (si publice consultetur. Germ. 10) und gewisse des Friedens, welche den Inhalt des Stammverbandes ausmachen.

Die Behandlung der gemeinschaftlichen Stammangelegenheiten durchbricht die Autonomie der Gaue, und ein Beschluss des Stammkoncils oder auch die gemeine Meinung des Stammes zwingt die Widerspenstigen, seien es Gaue oder Gaufürsten zur Folge. Die Geschichte der *Cherusker* liefert, wie für die Autonomie des niederen Verbandes (S. 53) auch hierfür die Beispiele.

Dem Varus gegenüber war es der consensus gentis, der den Segest zur Teilnahme am Kriege zwang, tractus in bellum. Dem Segest gegenüber zwang die Erregung der Stämme den bis dahin neutralen Inguiomer zur Parteinahme. Conciti gentes, tractusque in partis Inguiomerus etc. und die spätere Wahl des Armin zum dux führte ihn zwar nicht zu dessen Anerkennung, aber veranlasste den Ehrgeizigen zur Auswanderung. Erst als die Parteien erschöpft waren, fand der Beschluss des Cheruskerstammes, vom Kaiser Claudius, den Italikus zum Stammkönig zu erbitten, allgemeine Folge. Cheruscorum gens regem Roma petivit, Ann. I 55, 60; II 45; XI 16.

Fürstenrat und Landesgemeinde.

Die Behandlung der gemeinschaftlichen Angelegenheiten des Stammes liegt in den Händen zweier Körperschaften, des Fürstenrats und der Landesgemeinde.

Der Fürstenrat besteht aus den Gaufürsten, principes, enthält also eine Vertretung der einzelnen Gaue. Die Landesgemeinde, concilium umfasst alle, omnes, also sowohl die Plebs wie die Fürsten. Sie ist das zum Koncil vereinigte Heer.

Die Verhandlungen beider Körperschaften bedürfen eines Vorsitzenden oder Vorstandes, der beruft, leitet, ausführt. Aus Caesar ergibt sich, daß zu seiner Zeit (bei Gauverfassung) im Frieden kein ständiger vorhanden war: In pace nullus est communis magistratus, Gall. VI 23, sondern wechselnd war es, so nimmt man an, der Gaufürst, in dessen Gebiet die Verhandlung stattfand. Sonst (bei Stammverfassung) und später lag die Funktion dem Stammkönig oder Stammfürsten, dem rex oder princeps civitatis ob, deren umfassendere Stellungen sich aus dem Weiteren ergeben werden.

Grössere und kleinere Angelegenheiten.

Wie Rat und Landesgemeinde sich in die Behandlung der Stammangelegenheiten teilen, ist bei Caesar nicht zum Ausdruck gebracht. Nach Tacitus zerfallen diese in grössere und kleinere Angelegenheiten, res majores und minores. Die grösseren werden erst vom Rat durchberaten und dann von der Gemeinde entschieden, die kleineren von dem Rat ohne weiteres zur Entscheidung gebracht.

Dabei wird zwischen Krieg und Frieden nicht unterschieden, der Rat ist also Kriegs- wie Friedensrat und die Landesgemeinde ist ebenso auf beiden Gebieten zuständig. De minoribus rebus principes consultant, de majoribus omnes, ita tamen ut ea quoque, quorum penes plebem arbitrium est, apud principes pertractentur. Germ. 11.

Als Beispiel einer res minor mag die Eingehung eines Soldvertrages zwischen den Treverern und *Überrheinischen Stämmen* dienen. Denn es können wohl nur die Glieder des Fürstenrats sein, welche den Vertrag eidlich bestärken und die von den keltisierten Treverern wegen des Soldes gestellten Geiseln akceptieren. Inventis nonnullis civitatibus jure jurando inter se confirmant, obsidibusque de pecunia cavent. Gall. VI 2.

Nach Caesar ist es die Landesgemeinde, die als res major den Krieg eröffnet, so nach alter Gewohnheit bei den *Sueben*, more suo concilio habito, Gall. VI 19, und ebenso schildert die Germania als Aufgabe der Landesgemeinde die Wehrhaftmachung der Jünglinge, die ausschliesslich oder doch mit dem Ding der Hundertschaft konkurrierende Gerichtsbarkeit über todeswürdige Verbrechen, und die Wahl der Gaufürsten, denen die der Stammkönige und Herzöge anzuschliessen ist. In ipso concilio vel principum aliquis etc. scuto frameaque juvenem ornant, 13. Licet apud concilium accusare quoque et discrimen capitis intendere. Eliguntur in isdem conciliis et principes, qui jura per pagos vicosque reddunt, 12. Reges ex nobilitate, duces ex virtute sumunt, 7. Aber damit wird ja die Zuständigkeit der Landesgemeinde nicht erschöpft sein, und sie selbst wird in jedem Fall über deren Umfang zu entscheiden haben.

Zusammentritt der Landesgemeinde.

Das Heer, Fürst und Volk treten zum Koncil zusammen, während des Kriegs, wo das Heer schon vereinigt ist, im Feld, während des Friedens, wo Fürst und Volk sich erst versammeln müssen, an der hergebrachten Malstätte. Die Schilderung des Tacitus in dem elften Kapitel der Germania beschränkt sich auf das Friedenskoncil. Von dem andern, dessen bei den Kelten mehrfach Erwähnung geschieht, wird kein Fall erzählt.

Von einer Dingpflicht ist ebensowenig wie bei der Gerichtsgemeinde die Rede. Sie auszusprechen möchte erst später, als das Interesse sank, Anlass gewesen sein. Das tatsächliche Erscheinen der Stammgenossen wird nach der Grösse des Stammgebiets, nach der Bedeutung des zu verhandelnden Gegenstands, nach dem Interesse, das ein bestimmter Gau daran nimmt, verschieden sein und es mag ein Wechsel der Malstätten erfolgen, um den einzelnen Gauen nacheinander das Kommen zu erleichtern. Zwei bis drei Tage gehen hin, bis sich die Genossen zur Tagung vereinigen. Das Ding ist entweder ein ungebotenes zur Zeit des Neu- oder Vollmondes, oder für besondere Fälle ein gebotenes. Alter et tertius dies cunctatione coeuntium absumitur. 11.

Das zu Verhandelnde scheint einer doppelten Vorbereitung zu unterliegen; nicht nur der gebotenen Vorberatung des Fürstenrats, sondern auch einer formlosen Vorbesprechung durch die Plebs.

Man darf annehmen, dass die Zeit, die während der Sammlung zur Landesgemeinde verstreicht, mit Gelagen ausgefüllt wird und darf daher auch hierherziehn, was Tacitus an einem andern Ort schildert: „Tag und Nacht ohne Unterlass zu trinken, gereicht Niemandem zur Schande. Die unter Trunkenen häufigen Streitigkeiten enden selten mit Schimpfreden, häufiger mit Tod und Wunden. Aber auch über Aussöhnung von Feinden, Verschwägerungen, Anschluss an Fürsten (principes, Gefolgsherrn, zu wählende Obrigkeiten oder Führer zu Heerfahrten), ja über

Krieg und Frieden beraten sie meistens bei Gelagen, de adsciscendis principibus; de pace denique ac bello plerumque. Am andern Tag wird das Verhandelte wieder aufgenommen. Sie beraten, wenn sie sich nicht verstellen, sie beschliessen, wenn sie sich nicht täuschen können." 22.

Die Verhandlung.

Endlich setzt man sich, wie immer bewaffnet, tumultuarisch auf der Malstätte nieder. Ist dies aber geschehn, so tritt die zum Verfahren erforderliche Ordnung in ihr Recht.

Von der formellen Leitung der Landesgemeinde wird nicht gesprochen. Sie wird aber, mag sie als höchste politische oder als höchste gerichtliche Behörde tagen, von dem Vertreter des Stammes geübt sein. Die Sitzungspolizei wird von den Priestern gehandhabt und wenn nötig erzwungen. Sie gebieten Schweigen. Silentium per sacerdotes, quibus tum et coercendi jus est. Dass sie auf die Wahl der zu beratenden Gegenstände und auf das Materielle der Beratung Einfluss üben konnten, wie man angenommen, ist nirgend angedeutet. Aber sie umgeben die Verhandlung mit der Weihe der Götter.

Zunächst mag das Ergebniss der Vorberatung des Rats der Fürsten und ihr daranzuknüpfender Vorschlag, sententia mitgeteilt sein. Er wird von dem Vertreter des Stammes, (bei Stammverfassung) durch den König, (bei Gauverfassung) durch den Stammfürsten befürwortet. „Dann kommt der König oder der Stammfürst zum Gehör, je nach Alter, Adel, Kriegsruhm und Beredsamkeit, mehr durch Überredung als durch Befehl wirkend." Mox rex vel princeps (scilicet civitatis), prout aetas cuique, prout nobilitas, prout decus bellorum, prout facundia est, audiuntur. In dem Kriegskoncil mag auch dem Herzog eine ähnliche Stellung gebühren. Dass eine weitere Discussion stattfindet, ist nicht gesagt.

Es folgt die Entscheidung. Wenn der Antrag missfällt, so verwerfen sie ihn durch Murren. Gefällt er, so schlagen sie mit den Frameen zusammen. Si displicuit sententia, fremitu aspernantur, sin placuit frameas concutiunt. 11.

So schildert die Germania die Versammlung des Stammes, aber ihr lebhaftes Bild findet in den erzählenden Schriften des Tacitus weder eine Bestätigung, geschweige eine Ergänzung der für unsere Kunde so wichtigen germanischen Verfassungsform.

Die Souveränität der Landesgemeinde.

Denn die Beteiligung sämtlicher freien Stammgenossen, die weihende Mitwirkung der Priester, die Vorbereitung der Verhandlungsgegenstände durch die obrigkeitlichen Vertreter der Gaue, die Befürwortung durch die des Stammes und die endliche Entscheidung durch die Gesamtheit selbst lassen das Koncil als den Träger der Souveränität des Stammverbandes erscheinen. Die Ausführung seiner Beschlüsse wird den Obrigkeiten obliegen.

Die höchste obrigkeitliche Gewalt.

Neben den Körperschaften der Civitas, dem Fürstenrat und dem Koncil sind Einzelpersonen Organe der höchsten Stufe, des Stammes. Es sind auf dem Gebiet des Kultus der schon im Kap. IV besprochene *Priester des Stammes,* sacerdos civitatis, und auf dem Gebiete des politischen und militärischen Gemeinwesens die Träger der obrigkeitlichen Gewalt. Diese sind bei einheitlicher Gewalt der *Stammkönig,* rex, bei nach Frieden und Krieg geteilter Gewalt die *Stammfürsten,* principes civitatis, und zwar der höchste politische *Friedensfürst,* und der höchste militärische *Kriegsfürst,* der Herzog, dux.

Während der sacerdos civitatis noch jeder der beiden Staatsformen angehört, scheiden sich erst mit der einheitlichen oder geteilten Gewalt die Verfassungen; der rex gestaltet die civitas zur Stammverfassung, die principes civitatis bilden sie zur Gauverfassung, und auf diesen Unterschied beschränken sich *formell* sogar die beiden Staatsformen.

In Bezug auf die Obrigkeiten der höchsten Stufe wird in der Germania Gleiches und Gegensätzliches scharf hervorgehoben.

Sacerdos (civitatis), ac rex, vel princeps civitatis. Der höchste Priester und entweder der Stammkönig oder der Stammfürst deuten das Gewieher der heiligen Rosse; entweder der Stammkönig oder der Stammfürst leiten die Stammversammlung, mehr durch Überredung als durch Befehl. Sacerdos (sc. civitatis) ac rex vel princeps civitatis comitantur (equos etc.). Rex vel princeps (sc. civitatis) audiuntur (in concilio), auctoritate suadendi magis quam jubendi potestate, Germ. 10, 11.

Rex und dux. Ein ander Mal werden Könige und Herzöge ihrem Ursprung nach einander gegenüber gestellt und ihrem Einfluss nach abgewogen. Reges ex nobilitate, duces ex virtute sumunt. Nec regibus infinita aut libera potestas et duces exemplo potius quam imperio praesunt. Germ. 7, 11.

Rex vel civitas; gentes ac reges. Ähnlich den reges und duces werden Stämme mit Königen, und andere ohne Könige unterschieden. Pars mulctae regi vel civitati. Cognitis gentibus ac regibus. Germ. 12, 1.

Das Stammfürstentum.

Die Stammfürsten der Gauverfassung.

Von einem princeps civitatis spricht nur Tacitus, und dieser nur in den beiden ersten jener angeführten Stellen und wir finden auch in seinen historischen Schriften keine Person, die man als solchen ansprechen könnte. Es fehlt daher an jedem weitern germanischen Material, um die Stellung des princeps civitatis näher, als geschehn, zu charakterisieren, und man ist mehrfach so weit gegangen, seine Existenz überhaupt in Abrede zu stellen.

Tacitus hat den Ausdruck von Caesar übernommen, der ihn mehrfach für gallische Verhältnisse verwendet. In Gallien ist bei königsloser Herrschaft sowohl der politische Fürst des

Friedens wie der militärische des Kriegs ein „princeps civitatis." Jener ist konkret ausgedrückt nach Caesar der Vergobretus, dieser der dux, nach Strabo jener der ἡγεμών, dieser der στρατηγός; weiter ist bei königsloser wie bei königlicher Verfassung der princeps civitatis der politische Repräsentant seines Stammverbandes bei den Bünden einzelner oder aller gallischen Staaten (Siehe das Nähere in Kapitel XX, die Stammfürsten).

Während für Gallien der Ausdruck princeps civitatis der generelle für beide Obrigkeiten, für die Stammfürsten ist, lesen wir in der Germania 10 von Einem „princeps civitatis". Ist es, si publice consultetur, der politische oder der Kriegsfürst? Bei Deutung der Wahrzeichen, bei Leitung der Landesgemeinde (auch wohl des Fürstenrates) kann es sich um Dinge des Friedens, wie um solche des Kriegs handeln, Demnach mag unter dem germanischen „princeps civitatis" je nach dem Charakter der Handlung der eine oder der andere der Stammfürsten zu verstehn sein. Übrigens gibt es zur Zeit des Friedens keinen Kriegsfürsten, und erst nach Caesar den communis magistratus, den ständigen Friedensfürsten (S. 57).

Ebenso wie den gallischen principes civitatis mag auch den germanischen Stammfürsten die Vertretung des Stammverbandes zustehn. Dahin wird man die schon erwähnte Bestärkung der internationalen Verträge durch Eid und Geiselstellung, die Sendung und den Empfang von Gesandten, das Geben und Empfangen von Geschenken zu rechnen haben. Gall. IV 11; VI 9, 32; Germ. 5, 15.

Von den beiden Stammfürsten ist der höchste *Friedensfürst* ohne konkrete Bezeichnung und ohne weitere Charakteristik, der höchste *Kriegsfürst* ist konkret der Herzog, dux. Er ist der Magistrat des Kriegs für dessen Dauer. Cum bellum civitas aut inlatum defendit aut infert, magistratus, qui ei bello praesint, ut vitae necisque habeant potestatem, deliguntur. Duces ex virtute sumunt. Der Oberbefehl ist imperium und potentia. Gall. VI 23; Germ. 7; Ann. II 28. Ihm zur Seite steht als Kriegsrat der Fürstenrat (S. 33, 58). Der Herzog steht an der Spitze entweder eines Stammheeres (Stammherzog) oder mehrerer in einem Bunde vereinigter (Bundesherzog), ohne dass charakteristische Unterschiede hervortreten.

„Die Herzöge, schildert die Germania, stehn mehr durch das Vorbild, als durch den Oberbefehl, wenn sie schlagfertig, wenn sie hervorleuchtend, wenn sie zuvörderst in der Schacht walten, bewundert an der Spitze." Im einzelnen ist das Recht, am Leben zu strafen, hervorgehoben, aber die Vollstreckung von Strafen steht den Priestern zu. „Übrigens ist hinrichten, fesseln, ja nur schlagen Keinem als den Priestern erlaubt, nicht als wäre es eine Strafe oder das Gebot des Herzogs, sondern von dem Gott (Wotan) befohlen, der, wie sie glauben, den Kämpfenden beisteht." Germ. 7. „Die Vollstreckung der vom Herzog befohlenen Strafen, erläutert Baumstark, erfolgt in den feierlichen Formen einer Kultushandlung. Nicht so die Strafe, die von dem Hundertschaftsding oder der Landesgemeinde unter der Leitung des Vorsitzenden erkannt wird. Das Urteil, das im Ding gefunden, hat in dem Willen der Dinggenossen seine Autorität, das Urteil des Herzogs dagegen wird durch die Gewalt des Gottes gedeckt, der bei der Vollstreckung durch seine Priester vertreten ist."

Das Stammkönigtum.

Der Stammkönig der Stammverfassung.

Das Stammkönigtum besteht formell in einer Vereinigung der Gewalten des Friedens- und des Kriegsfürsten. Ihre Einheit ist der *rex*, *βασιλεύς*. Cum penes unum est omnium summa rerum, regem illum vocamus et regnum ejus rei publicae statum. Cicero de publ. I 26. *Χαριομήρος βασιλεύς* der Cherusker; *Μάσυος βασιλεύς* der Semnonen, Cassius Dio 67, 5.

Achtes Kapitel.

Principes und Reges.

Engere und weitere Bedeutung.

Der fundamentale Charakter des Gemeinwesens, ob nebeneinander Monarchie und Freistaat, ob Monarchie in verschiedenen Abstufungen, ergibt sich aus der Bedeutung der Ausdrücke reges und principes, die daher im Zusammenhang zu untersuchen ist.

Die Begriffe sind von Caesar für keltische Verhältnisse eingeführt, auf germanische übertragen und von Tacitus übernommen.

Bei den Germanen hat jeder von ihnen eine engere und eine weitere Bedeutung. In jener scheinen sie einander auszuschliessen, in dieser sich einander zu nähern.

In engerer Bedeutung ist *princeps* der Gaufürst, (welcher Funktionen in der Gemeinde, der Hundertschaft, dem Gau, im Fürstenrat übt,) und als princeps civitatis der Stammfürst, jeder wie gezeigt in fest umschriebener Stellung.

In weiterer Bedeutung erweist sich aber princeps als ein Sammelbegriff, der unterschiedslos nicht nur den Fürsten der dritten Stufe, sondern auch sämtlichen Fürsten der vierten Stufe, den princeps civitatis, den dux und selbst den rex, den Stammfürsten, den Stammherzog, den Stammkönig umfasst. Denn auf jeden von ihnen muss nach dem Inhalt der Stellen bezogen werden, was Caesar von dem quis ex principibus erzählt, der zur Heerfahrt auffordert, Gall. VI 23; was Tacitus berichtet von den principes der Sueben, welche das Haar schmücken, von dem principum aliquis, der die Wehrhaftmachung vollzieht, von dem princeps der Gefolgschaft, von den principes, denen man sich anschliesst, adsciscendis principibus und von den principes, die als staatliche Obrigkeit oder als Führer von Gefolgschaften von den Ihrigen Unterhalt oder von fremden Stämmen Geschenke beziehen. Germ. 38, 12—15, 22, 5.

Dass proceres, primores nur andere Ausdrücke für principes sind, ist bereits S. 16 dargestellt. Sie scheinen sich der engeren Bedeutung als Gaufürsten anzuschliessen.

Der Begriff rex ist völlig unzweideutig. Er drückt ausschliesslich den vom Volk aus einem bestimmten Adelsgeschlecht auf Lebenszeit gewählten König, als die Spitze monarchischer Verfassung aus, als König über einen Stamm. Reges ex nobilitate sumunt. Germ. 7. Das Stammkönigtum ist der Ausdruck der Stammverfassung.

Es gibt aber auch Fürsten königlichen Geschlechts. Denn auch bei Stämmen, in denen kein Stammkönig vorhanden ist, die also in Gauverfassung leben, können Geschlechter königlich, und deren Angehörige oder doch Häupter durch Geburt königlicher Art, *stirpis regiae, generis regii* sein. Solcher Fälle werden mehrere berichtet.

Im Westen von Deutschland herrschte die Gauverfassung vor und sie fand sich bei den Cheruskern zur Zeit ihrer Grösse, bei den Khatten und den nach Herkunft und Sprache ihnen verwandten Batavern und Kannenefaten, Hist. IV 12, 15, und wohl auch bei den allerdings keltisierten oder gar keltischen Treverern. Italikus, der letzte des gaufürstlichen Geschlechts der Cherusker, war königlichen Geschlechts, stirpis regiae. Ann. IX 16. Sein Grossvater Segimer wird ausdrücklich als princeps, Gaufürst bezeichnet. Vellejus II 118. Die Bataver Julius Paullus und sein Bruder Julius Civilis überragten als königlichen Geschlechts weit alle andern, regia stirpe multo ceteros anteibant. Neben Civilis waren diese andern auch Gaufürsten, primores gentis. Hist. IV 13, 14. Im vierten Jahrhundert nannte Ammian 16, 12, 45 die Heerführer der Bataver Könige, Batavi cum regibus. Der Kannenefate Brinno war von hochberühmtem Adel, claritate natalium insigni. Hist. IV 15. Der Treverer Klassikus stützte sich auf seinen alle überragenden Adel und Reichtum, denn königlich war sein Geschlecht und in Krieg und Frieden waren seine Ahnen berühmt. Classicus nobilitate opibusque ante alios; regium illi genus et pace belloque clara origo. Hist. IV 55.

Aus diesen königlichen Geschlechtern wurde Italikus zum Stammkönig, Brinno zum Stammherzog, wurden Civilis und Klassikus zu Herzögen des grossen batavischen Bundes gewählt.

Die Geschlechter sind adelige Gaugeschlechter, ihre Häupter Gaufürsten (Segimer, Civilis neben den Primores der Bataver), das Gaufürstentum geht von Generation zu Generation, ist also (vorbehaltlich der Wahl) erblich.

Durch Adel und Ruhm ihrer Vorfahren, durch Einfluss, Macht Gund lanz nähert sich einerseits ihre Stellung im Gau der der Könige im Stamme, andererseits überragt sie die der übrigen Gaufürsten des Stamms. Die so Ausgezeichneten sind keine Könige, aber ihre Stellung ist königlicher Art, sie ist tatsächlich aber nicht rechtlich, und überträgt sich so auf Geschlecht und Nachfolger.

Nach diesen Darlegungen fallen die reges unter den erweiterten Begriff der principes, die principes regiae stirpis unter den erweiterten Begriff der reges. Ihre Begriffe sind keine absoluten Gegensätze, sondern gehen ineinander über.

Monarchischer Charakter des Gemeinwesens.

Sucht man den Charakter des Gemeinwesens festzustellen, wie er sich nach den Begriffen von reges und principes ausprägt, so mag man von dem unzweideutigen der reges ausgehn.

Wenn reges und principes auch Verwandtes haben, so stehn

sie andererseits im Gegensatz zueinander. Aber in welchem? Darüber gibt es zwei verschiedene Ansichten.

Die Einen negieren in den principes den Begriff der Monarchie, des Königtums und sehen in ihnen den Ausdruck des Freistaats. Blosser Adel ohne oder mit Wahl, Lebenslänglichkeit des princeps ohne Erblichkeit sollen die unterscheidenden republikanischen Merkmale sein, die jedoch nicht überliefert sind, sondern auf Hypothesen beruhn. Fundamental werden dann die Stämme selbst in monarchische und republikanische geschieden, obgleich reges und principes, wie eben gezeigt, keine sich ausschliessende Begriffe sind.

Die andere Ansicht differenziert den Begriff des Königtums, indem sie ihn von der Einherrschaft über den Stamm auf die Vielherrschaft über die Gaue, von dem rex auf die principes überträgt. Die Gewalt des einzigen Königs, die königliche, die stammkönigliche wird geteilt in die mehreren zustehende je über den Teil des Stammes, den Gau, und man kann die mindere Gewalt des Gauhauptes eine fürstliche, *gaufürstliche* nennen. Das Mittelglied zwischen beiden bildet die *gaukönigliche* der stirps regia. Wenn auch die Stellung der Gaukönige in dem Organismus des Stammverbandes nur eine tatsächliche ist, so ist sie doch insofern von Bedeutung, als sie das monarchische Prinzip der Gauverfassung ausdrückt, denn ein Geschlecht kann nicht republikanisch sein, wenn es als ein königliches bezeichnet wird.

Die principes (Gaukönige wie Gaufürsten) werden von dem Volke gewählt, aus einem bestimmten Geschlecht (dem Gauadel, z. B. dem Geschlecht des Armin, Segest, Marbod, Civilis, Brinno, Klassikus) und die Wahl aus dem bestimmten Geschlecht erweist auch die Erblichkeit des princeps. Eliguntur in isdem conciliis et principes, qui jura per pagos vicosque reddunt. Germ. 12. Wie ein Stammkönig hatte der bedingt erbliche Gaufürst, so lange es keinen communis magistrates gab (S. 57). Niemanden über sich, und als dieser geschaffen war, blieb er Haupt des autonomen Gaus und Glied des auch dem Stammfürsten gegenüber selbständigen Fürstenrats. So charakterisiert sich das Gaufürstentum.

Der Unterschied beider Stellungen liegt also wesentlich in dem Gebiet, dem *Stamm* oder dem *Gau*, über den der rex oder der princeps herrscht.

Zu vergleichen mit diesen Ergebnissen sind die Ausdrücke, welche Caesar und Tacitus für die *britannischen Fürsten* haben. Sie heissen gleichfalls principes und reges (reguli), aber teilweise in unbestimmter Anwendung, reges teilweise sicher als Stammkönige, und was besonders hervorzuheben ist, bei Caesar als Gaukönige.

Caesar hat in dritter und vierter Stufe principes als allgemeine Bezeichnung für Fürsten, Gall. IV 27, 30; in vierter Stufe Einherrschaft Umschreibungen von regnum, imperium, Gall. II 4; V 20; VII 21, in dritter Stufe bei Vielherrschaft reges: Cantium, quibus *regionibus* quattuor *reges* praeerant. Neben diesen vier Königen wird, ein Beweis für die herrschende Gauverfassung, noch ein dux genannt. Gall. V 22.

Tacitus hat unbestimmt, ob für die dritte oder vierte Stufe, reges (zur Zeit Caesars), capti reges, unus ex regulis, reguli, Agr. 12, 13, 24; Ann. II 24; principes, principum filii, Agr. 12, 21; für die vierte Stufe, bei Einherrschaft rex, Agr. 14; Ann. XIV 31, regina (generis regii dux), Agr. 16; Ann. XII 36; imperator, Ann. XII 33, 37.

In der späteren Zeit der Wanderungen heissen die Gaufürsten der Germanen bei Alamannen, Franken, Langobarden, Bayern unterschiedslos reges.

Wahl und Erbrecht.

Nach diesen Darlegungen sind bei den Germanen beide, reges und principes monarchisch. Sie werden gewählt.

Wahlkörper ist in allen Fällen das zur Landesgemeinde versammelte Volk oder Heer. Der zur Obrigkeit des Gaus Gewählte wird zum Gaufürsten (Gaukönig), sein Geschlecht wird zum höchsten Gauadel (zum gaufürstlichen oder gauköniglichem Geschlecht) und aus ihm wird traditionell der Tüchtigste ausgegewählt. Ebenso der Stammkönig aus dem gauköniglichen (gaufürstlichen) oder einem besonderen stammköniglichen Geschlecht. So kommt jedes, Erblichkeit und Tüchtigkeit zur Geltung, so treffen beide zusammen.

Entsprechend dem Prinzip der Erblichkeit geschieht die Wahl des Gauobern, wie des Stammkönigs auf Lebenszeit.

In der Regel aus der Mitte der Gauobern wird der Herzog gewählt, und wahrscheinlich ebenso der Stammfürst des Friedens. Die Gewalt des dux dauert so lange, als der Krieg währt. Auf wie lange der princeps civitatis gewählt wird, ist nicht zu sagen. Wenn aber in der Tat erst seit Caesar an die Stelle eines mit jeder Funktion wechselnden Gauoberen ein ständiger Stammfürst getreten ist, so ist kaum anzunehmen, dass er sogleich auf Lebenszeit mit seiner Aufgabe betraut worden, vielmehr erscheint es wahrscheinlich, dass ihm wie dem keltischen Vergobret eine Dauer von einem oder wenigen Jahren zugemessen ist.

Die von der Stammversammlung gewählten Oberbefehlshaber des Heerbannes werden auf den Schild gehoben. Tacitus erzählt dies von dem Herzog der Kannenefaten Brinno. Inpositus scuto more gentis et sustinentium umeris vibratus dux deligitur. Hist. IV 15. Wie bei den Herzögen, so mag auch bei den Stammkönigen die Schilderhebung schon damals Sitte gewesen sein. Aus späterer Zeit ist sie von dem Franken Klodowech und dem Goten Vitigis bezeugt. Bei Herzögen und Stammkönigen erscheint sie als der dem Oberbefehlshaber des Heeres eigne Wahlakt.

Jeder der Fürsten tritt als von kriegerischer Gefolgschaft umgeben auf. Hae dignitates, hae vires, magno semper electorum juvenum globo circumdari, in pace decus, in bello praesidium. Germ. 13. —

In bezug auf die niedern Stufen mag anzunehmen sein,

dass der magistratus Caesars, Gall. VI 22, und der (gar nicht erwähnte) Hunne der Hundertschaft von einer der Versammlungen gewählt sei, auf wie lange, muss dahingestellt bleiben.

Als Haupt der Sippen, des Geschlechts wird der pater familiae, der major natu durch das Alter bestimmt.

Neuntes Kapitel.

Sonderverfassungen.

Von den Formen der Gau- und Stammverfassung kommen in einzelnen Fällen Abweichungen vor, die etwa durch Nachbarschaft oder durch geringen oder grossen Umfang der Völkerschaft herbeigeführt werden. Über die Einzelheiten sind jedoch nur Bruchstücke überliefert.

Ein Stamm, Ein Gau.

Besteht ein Stamm nur in Einem Gau, so werden sich die Verfassungsformen entsprechend vereinfachen. Dies mag bei den Fosen, einem Nebenstamm der Cherusker, der Fall sein. Germ. 36.

Fürsten und Senat.

An die Stelle der Landesgemeinde tritt nach Caesar bei einzelnen Stämmen ein Senat, der neben den Gaufürsten aus weitern zahlreichen Gliedern besteht, bei den Ubiern aus den principes ac senatus, bei den Nerviern aus sexcenti senatores, Mitteilungen, denen sich nach Tacitus bei den Friesen magistratus und senatus anschliessen. Soweit man sieht, entscheiden Fürsten und Senat über res majores, die der Ubier über die Abtretung von Gebiet zur Ansiedlung. Gall. IV 11; II 16, 28. Ann. IX 19.

Der Senat ist eine über das Gallierland verbreitete Einrichtung, welche die herrschende Stellung des Adels zur Voraussetzung hat. Wenngleich über die Zustände der genannten germanischen Stämme nichts Ähnliches bekannt ist, nimmt man doch an, dass sie als Nachbarstämme das gallische Institut übernommen haben. Jedenfalls sind die Nachrichten nicht zu generalisieren, da die Germania nichts von einem Senat weiss. Germ. 11. (Siehe Kapitel XX, unter Stammverband.)

Das natürliche Anschwellen der Bevölkerung führt zur Ablösung von Volksmassen vom Stamm oder zu seiner Teilung.

Ablösung vom Stamm.

Die Khatten zwangen im Bürgerkrieg einen Teil des Stammes zur Auswanderung. Die Ausgetriebenen siedelten sich im Niederland an und erstarkten zu den Stämmen der Bataver und Kannenefaten. Die drei Stämme lebten nach Gauverfassung. Kap. 10 Batavi, pars Chattorum seditione domestica pulsi. Hist. IV 12; Batavi Chattorum quondam populus et seditione domestica in eas sedes transgressus etc. Germ. 29. Cannenefatos, origine, lingua virtute par Batavis. Hist. IV 15.

Teilung des Stammes.

Die Teilung von Stämmen ist nach Tacitus bei den Friesen, Chauken und Brukterern zu beobachten. Sie werden bald als Ein Stamm, bald als zwei (voneinander unabhängige) Stämme bezeichnet und diese, je nach ihrem Umfang, ex modo virium die Grossfriesen oder Kleinfriesen usw. genannt.

Frisii und Frisiavones, Plinius Hist. nat. IV 15, 101. Transrhenanus populus, natio Frisiorum; Majoribus minoribusque Frisiis vocabulum ex modo virium utraeque nationis etc. Ann. IV 72; XI 19. Nachdem der Statthalter von Niedergermanien ein Unterwerfung bezweckendes Verfassungsexperiment gemacht hatte, senatum, magistratus, leges imposuit, Ann. XI 19, findet sie nach dem Zurückziehen der römischen Militärposten über den Rhein das Jahr 58 unter der Leitung von Verritus und Malorix, welche den Stamm beherrschen, soweit sich eben Germanen regieren lassen. Auctore Verrito et Malorige, qui nationem eam regebant, in quantum Germani regnantur, Ann. XIII 54; sie sind also reges. Die Scheidung beider Volksteile und auch wohl ihre Grösse scheinen gemeinsame Verfassungsformen auszuschliessen. Jeder Teil lebt in Stammverfassung.

Der Charakter der friesischen Königsgewalt kann erst im nächsten Kapitel präzisiert werden.

Natio *Bructera*, Hist. IV 61. *Βρούκτεροι οἱ μικροί; οἱ μείζους*, Ptol. II 11, 6; 11, 9. *Βρουκτέρων τῶν ἐλλατόνων*, Strabo VII 1, 3. Von ihrer ursprünglichen Verfassung ist nichts bekannt. Plinius erzählt, dass die Römer in den neunziger Jahren einen Bruktererkönig eingesetzt haben (Spurinna). Bructerum regem vi et armis induxit in regnum, Epist. 2, 7, also einen rex ex auctoritate Romana, Germ. 42.

Von den *Chauken* ist gar nicht angedeutet, welche Verfassungsart bei ihnen geherrscht hat. Chaucorum gens, populus, Germ 35. Cauchorum gentes, Vell. II 106. Chaucorum, (sc. gentes) qui majores minoresque appellantur, Plinius XVI 1. Majores Chaucos, Ann. XI 19. *Καῦχοι οἱ μικροί, οἱ μείζους. Καύχων τῶν μικρῶν*, Ptolemaeus II 11, 7; 11, 19. Der grosse Raubzug der Grosschauken gegen die gallische Küste scheint auf deren politische Selbständigkeit zu deuten. Ann. XI 18.

Bund und Reich.

Während hier die Stämme geteilt sind, sieht man sie in andern Fällen vereinigt.

Die Kultusverbände sind bereits im Kap. III besprochen.

In politischer Beziehung werden die Stämme vorübergehend in Bünde, dauernd in Reiche zusammengefasst.

Die kriegerischen *Bünde*, insbesondere die der *Cherusker* und die der *Bataver* haben ihre Bundesherzöge (wie die Stammherzöge duces genannt), und das von Marbod beherrschte Suebenreich, *regnum Marobodui*, und das von seinen Nachfolgern geteilte *regnum Vannianum* haben ihre Reichskönige (wie die Stammkönige reges genannt) an der Spitze. Aber die Organisation weder des Bundesheeres noch die des Reiches als solchen wird deutlich gemacht. Das Heer jedes Stammes bleibt in seinem Bestand und jeder Stamm wird, abgesehn von der Unterordnung, seine politischen Formen bewahren. In dem Reiche des Marbod gab es Gaufürsten, primores, Ann. II 62.

Zehntes Kapitel.

Aufbau, Charakter und relatives Alter der Verfassungen.

Der monarchische Typus ist der Gau-, wie der Stammverfassung gemeinsam, die Einzelformen beider Verfassungen stimmen miteinander überein mit Ausnahme der abweichenden Obrigkeiten der höchsten Stufe, und es ist nunmehr der Aufbau beider Systeme zu versuchen und zu untersuchen, wie deren Verschiedenheiten auf das Gesamtbild jeder Verfassung einwirken und ihren Charakter bestimmen. Weiter ist zu ermitteln, welche von beiden das höhere Alter für sich in Anspruch nehmen kann, also die ursprüngliche ist, aus der sich die andere entwickelt hat, und welche Stämme der einen oder der andern Verfassung angehören.

Die Grundlagen der Verfassungen.

Die für die geschichtliche Entwicklung des Gemeinwesens entscheidenden Grundlagen sind räumlich wie politisch einmal die Einheit des *Gaus* und dann als die Einheit der blutsverwandten Gaue der *Stamm*. Die *Versammlung Aller*, das Koncil des Stammes, die Landesgemeinde, das Heer verkörpert dessen souveräne Gewalt. Sie bestätigt insbesondere den aus bestimmten Geschlechtern des Gaus oder Stammes entnommenen *Gaufürsten* (Gaukönigen) und dem *Stammkönig* auf Lebenszeit ihr Herrscherrecht.

Der autonome Gau und seine Verfassung.

Der Gau ist militärisch und politisch autonom.

Der Träger der Gaueinheit ist der monarchische *Gaufürst*, princeps, dessen Tätigkeit zunächst die drei unteren Stufen umfasst. Er vollzieht mit der wirtschaftlichen Markgemeinde (?) und dem magistratus deren Geschäfte, magistratus ac principes; mit der Gerichtsgemeinde die der Hundertschaft, principes und centeni ex plebe comites, und etwa mit der Gauversammlung (?) und dem Rat der Hunnen (?) die politischen Massnahmen des Gaus. Er führt den in diese Abteilungen zerfallenden Heerbann des Gaus.

Der Stammverband als die Vereinigung der Gaue.

Der Autonomie der Gaue sind gewisse gemeinschaftliche Angelegenheiten des Friedens sowie der Krieg zu Gunsten der Stammeinheit entzogen. Sie verlangen eine gemeinschaftliche Behandlung, bei der, wie anzunehmen, nach innen die Autonomie der Gaue tunlichst zu schonen, nach aussen aber die notwendige Konzentrierung der Kraft Berücksichtigung erheischt. Die Vereinigung mag also nach innen, in Friedenssachen eine dauernde, aber den Gegenständen nach in der Regel beschränkte (S. 58), eine lockere, nach aussen in Sachen des Kriegs eine auf dessen Dauer beschränkte, eine straffe sein.

Die Gaufürsten als Fürstenrat.

Die Träger der Stammeinheit sind zunächst die Gaufürsten als Fürstenrat, in dem jeder von ihnen seinen Gau vertritt. Er ist Friedens- und Kriegsrat. Die gemeinschaftlichen kleineren Angelegenheiten werden darin entschieden, die grösseren für die Entscheidung der Landesgemeinde, des Heeres vorbereitet. So erstreckt sich die Tätigkeit der Gaufürsten durch alle vier Stufen der Civitas und sie stellen in ihrer Person den *inneren Zusammenhang* des politischen Ganzen und seiner Teile dar. Die Bedeutung der Gaufürsten und des Fürstenrats steigt oder fällt mit der Stellung, welche die weiteren Träger der Stammeinheit, die höchsten Obrigkeiten einnehmen.

Die Obrigkeit des Stammverbandes.

Die höchste Gewalt ist entweder geteilt oder einheitlich.

Geteilt ist sie zwischen den Stammfürsten, principes civitatis, und zwar einer politischen Obrigkeit (des Friedens) und einer militärischen (des Krieges), letztere, und auch wohl erstere von beschränkter Dauer. Die Obrigkeit *des Friedens,* ohne konkrete Bezeichnung, gewählt aus der Mitte des Rats, etwa ein Erster unter Gleichen, erscheint als dessen formeller Leiter, als dessen Exekutive und nach aussen als sein Repräsentant. Die Obrigkeit des *Krieges,* der *Stammherzog* dux, in der Regel gleichfalls einer der Gaufürsten, ist dagegen mit dem schwerwiegenden Oberbefehl über das Stammheer ausgestattet.

Einheitlich ist die höchste Gewalt für Frieden und Krieg. Der Stammkönig, rex, ist in Einer Person Friedens- und Kriegsfürst. Seine Gewalt potenziert sich aber durch diese Zusammenfassung, durch die Lebenslänglichkeit und Erblichkeit seines Inhabers und den unauflöslichen Zusammenschluss der Gaue.

Stammfürstentum, Gauverfassung.

Bei geteilter Gewalt hat der Gaufürst und der Fürstenrat Niemand über sich, denn der princeps civitatis ist nur Vorstand, und nur die Notwendigkeit des Kriegs lässt die Macht des Stammes und nur auf die Dauer des Krieges auf den dux übertragen.

Und so mag in dem Fürstenrat das politische, vielleicht auch militärische Schwergewicht ruhen. Das ist Stammfürstentum, Gauverfassung.

Stammkönigtum, Stammverfassung.

Bei einheitlicher Gewalt hat der Gaufürst und der Fürstenrat den Stammkönig, rex über sich. Jener ist ein untergebener

Gaufürst und der rex, der alle Gewalt dauernd in sich vereinigt, mag auch im Fürstenrat der Massgebende sein. Das ist Stammkönigtum, Stammverfassung.

Die Landesgemeinde.

Mag nun aber nach der geschichtlichen Entwicklung eines Stammes, nach Selbständigkeit oder Abhängigkeit seiner Gaufürsten und seines Fürstenrats das Schwergewicht auf diesen oder auf eine der höchsten Obrigkeiten fallen, — dem Urquell alles Rechts und aller Macht, dem zur Landesgemeinde oder zum Heer versammelten Volk gegenüber ist der Charakter jeder Obrigkeit derselbe. Ihr Einfluss ist beschränkt und nur persönlich, durch Überredung und Beispiel herbeizuführen. Die Beweisstellen beziehen sich allerdings nur auf die Stufe des Stamms, aber man darf sie unbedenklich auch auf die niedern erstrecken: Rex vel princeps (sc. civitatis) audiuntur auctoritate suadendi magis quam jubendi potestate. Nec regibus infinita aut libera potestas et duces exemplo potius quam imperio praesunt, Germ. 11, 7. Arminio suadente, Ann. I 68.

Der Kultus.

Für die Zwecke des Gemeinwesens sind die politischen Funktionen mit denen des *Kultus* verflochten. Die höchsten Obrigkeiten nehmen an den Handlungen des Kultus, die Priester, sacerdotes an den politischen Geschäften teil. Ob etwa eine Organisation der Priester der politischen entspricht, ist nicht zu ersehn, aber der sacerdos civitatis entspricht dem princeps civitatis und dem rex.

Modifikation.

Diese regelmässige Gestaltung der Formen des Gemeinwesens mag durch eine grosse Gefolgschaft oder durch die hervorragende Persönlichkeit eines Machthabers alteriert werden, und insbesondere mag die konzentrierte Gewalt eines Stammherzogs oder Stammkönigs zu den verschiedensten Arten des Stammkönigtums führen.

Libertas, insbesondere als Gauverfassung.

Tacitus bezeichnet mehrfach die öffentlichen Zustände als libertas, aber in verschiedenem Sinn.

Als Unbotmässigkeit, ex libertate vitium, wenn mehrere Tage hingehn, ehe die Landesgemeinde verhandlungsfähig wird, oder wenn die Rechtsrheinischen Bundesgenossen, wie er den Treverer Tutor sagen lässt, sich weder befehlen oder lenken liessen, sondern nur täten, was ihnen gefalle, non juberi, non regi, sed cuncta ex libidine agere. Germ. 11; Hist. IV 76.

Andererseits ist ihm die Freiheit der politische Charakter des Gemeinwesens: sie ist gewaltiger als das Regiment eines asiatischen Despoten. Regno Arsacis acrior est Germanorum libertas. Germ. 37.

Noch ein ander Mal ist aber libertas, libertatis vocabulum auf die Gauverfassung, regis nomen auf die Stammverfassung zu deuten. Armin kämpft als Vertreter der in jener lebenden Cherusker pro libertate, während dem Stammkönig Marbod regis nomen entgegensteht. Als dieser beseitigt, strebt Armin das Stammkönigtum an und hat nun die Freiheit seiner Stammgenossen gegen sich. Arminius regnum adfectans, libertatem popularium adversam habuit. Später konnten die Gegner des zum Stammkönig gewählten Italikus sich auf libertatis vocabulum berufen. Ann. II 44, 88; XI 17.

Im übrigen fehlt es an einer technischen Bezeichnung wie an einer Charakteristik der Gauverfassung.

Regnum als Stammverfassung.

Dagegen ist das Stammkönigtum nach Wort und Inhalt geschildert. Als Einherrscher regieren, heisst regere, regnare. Germ. 25, 44; Ann. XIII 54. Die Einherrschaft ist regnum, das (angestrebte) des Armin und das des Italikus, Ann. II 88; XI 16;

das des Marbod, Ann. II 45, 63; und des Vannius, Ann. XII 29, 30); auch potentia, regnorum potentia, Ann. XI 16; Germ. 28; imperium, Ann. XI 16; XII 29; Vell. II 108; dominatio, Ann. XII 30; vis et potentia ex auctoritate Romana, Germ. 42.

Das Stammkönigtum ist entweder ein beschränktes, oder ein straffes, oder ein despotisches, jedes in verschiedenen Abstufungen.

Das beschränkte Stammkönigtum.

Die beschränkte Herrschaft dokumentiert sich nach der Stellung der sie bezeichnenden Worte im allgemeinen Teil der Germania als die Regel: Nec regibus infinita aut libera potestas. 7. Ihr entspricht die Stellung der friesischen Machthaber, die zwar Könige sind aber nicht so genannt werden: Verrito et Malorige, qui nationem (Frisiorum) regebant, in quantum Germani regnantur. Ann. XIII 54.

Stärker betont erscheint die Abhängigkeit der Stammkönige bei Vellejus.

Zur Zeit des Tiberius misst Vellejus das dem römischen Typus entsprechende Königtum des Marbod an der lockern Gewalt des germanischen Staates und drückt den Gegensatz wohl weniger durch die synonymen Bezeichnungen: principatus (also nicht etwa speziell Gauverfassung) und imperium, vis aus, als durch die prägnanten Beiworte. Germanisch ist nach ihm ein tumultuarischer, oder durch Glückszufall erworbener, veränderlicher und nur durch das Belieben der Gehorchenden ständiger Prinzipat, die Herrschaft des Marbod dagegen ist eine starke, eine königliche Gewalt. Maroboduus — non tumultuarium, neque fortuitum, neque mobilem et ex voluntate parentium constantem inter suos occupavit principatum, sed certum imperium vimque regiam. II 108.

Das straffe Stammkönigtum.

Die straffe Herrschaft prägt sich ausser diesem Königtum des Marbod nach Tacitus in der Stellung der Freigelassenen aus

Während sie sonst niemals ein öffentliches Amt inne haben, steigen sie bei gentes, quae regnantur sogar über Gemeinfreie und Adelige empor. Germ. 25.

Die Könige der Markomannen und Quaden verdanken ihre Macht dem römischen Einfluss. Vis et potentia regibus ex auctoritate Romana. Germ. 42. Eine östliche Gruppe der Sueben zwischen Oder und Weichsel ist von Unterwürfigkeit gegen ihre Könige, obsequium erga reges, und unter ihnen werden insbesondere die Gotonen hervorgehoben, die straffer als andere Stämme regiert werden, jedoch noch nicht über die Freiheit hinaus. Gotones regnantur paulo jam adductius, quam ceterae Germanorum gentes, nondum tamen supra libertatem. Germ. 43.

Das despotische Stammkönigtum.

Wenn dieser Zustand noch immer Freiheit ist, so waltet in Skandinavien Despotismus. In dem Reich der Suionen herrscht einer ohne allen Vorbehalt, nicht mit bedingtem Recht auf Gehorsam. Er hält auch die Waffen unter Verschluss eines Hörigen, und es liegt im Interesse des Stammkönigs, nicht einen Adeligen oder Gemeinfreien oder Freigelassenen über die Waffen zu setzen. Unus imperitat nullis exceptionibus, non precario jure parendi: — — Arma sub custode et quidem servo. — — Neque nobilem neque ingenuum, ne libertinum quidem armis praeponere regia utilitas est. Germ. 44. Aber während die Suionen über die Freiheit hinausgehn, geht der Stamm der Sithonen sogar über die Knechtschaft hinaus. Denn bei ihnen herrscht ein Weib. Sithonum gens — — quod femina dominatur. Non modo a libertate, sed etiam a servitute degenerant. Germ. 45.

Das relative Alter der Verfassungen.

Von den beiden Verfassungen erscheint die Gauverfassung als die ursprüngliche. Sie baut den Staat auf dem kleinen Kreise des autonomen Gaus auf, und entäussert sich der Autonomie nur, soweit es im Interesse des ganzes Stammes erspriesslich oder notwendig ist, erspriesslich für gemeinschaftliche Angelegenheiten des Friedens, notwendig für die Dauer des Kriegs.

Als die Reibung der Stämme gegen einander eine dauernde Konzentration der Macht erforderte, wurde aus der lockern Verbindung der Gaue eine ständige und feste, und aus der Zerlegung der höchsten Gewalten deren Einigung. So entwickelte sich naturgemäss aus der Gau- die Stammverfassung, eine Entwicklung, die in die vorgeschichtliche Zeit zu verlegen ist; denn in der historischen begegnen wir beiden Verfassungen bereits bei Caesar, dem ältesten Autor, der Gauverfassung, die er als Regel, dem Königtum, das er als Ausnahme (im Reich des Ariovist) schildert. Jene sehn wir vorwiegend im Westen im Spiegel des ersten Jahrhundert vor und nach Chr., wo sie sich im Gegensatz der Stämme unter einander, wie gegen die Römer und Marbod vermöge der in dem Herzog, wenn auch vorübergehend, vereinigten Macht erhielt. Dieses vorwiegend im Osten, wo wohl schon früher die Not der Verhältnisse dazu geführt hatte.

Innerhalb der Formen der Gauverfassung sehen wir keine Mannigfaltigkeit ihres Charakters, während die Stammverfassung — ein Beweis einer späteren divergirenden Entwicklung — ausser der gemässigten Beschränkung ihres Königtums auch Gegensätze in sich begreift, die zwischen dem obsequium erga reges, dem straffen Königtum und dem Despotismus mitten inne liegen.

Der Übergang von der ältern zu der jüngern Verfassung wird zumal bei den Cheruskern zu beobachten sein. (Siehe Kap. XII.)

Elftes Kapitel.

Die Verbreitung der Verfassungen.

Die ältesten Stämme.

Zweifelhaft ist, ob im zweiten und ersten Jahrhundert vor Chr. die Bastarnen, Kimbern und Teutonen von Gaukönigen oder Stammkönigen regiert wurden. Besteht nach seiner Grösse jedes Volk, wie von den Teutonen überliefert ist, aus einer Mehrheit von Stämmen, so wird man sie für Stammkönige halten dürfen.

Die Bastarnen haben nach Strabo eine Mehrzahl von Phylen, denen eine Mehrzahl von nobiles juvenes, quidam regii generis, duces entsprechen. Klondikus wird bald als regulus, bald als dux, Deldo als *βασιλεύς* bezeichnet, jeder in unsicherer Art.

Bei den Teutonen erscheint Teutobochus rex als Stammkönig, aber er wird auch als dux der Kimbern und als dux der Ambronen und Tiguriner charakterisiert.

Bei den Kimbern stehn reguli und reges neben einander, reges Luguis und Bojorix, (letzerer auch *βασιλεύς*) und reges Klaodicus und Cesorix.

Dahn Könige I 98, 99. Müllenhoff deutsche Altertumskunde II 104, 112, 282.

Die Gauverfassung.

In den beiden Jahrhunderten um Christus leben nach ihr: Die Khatten. Drei fast gleichzeitig erwähnte principes Arpus.

Argandestrius und Aktumerus, letzterer ἡγεμών; electi, praepositi, dux. Kein Stammkönig. Strabo VII, 1, 4.

Die Bataver. Chariovalda dux. Die Brüder Julius Civilis und Julius Paulus waren regia stirpe, Civilis dux des Bataverbundes. Unter seinem Oberbefehl waren duces grösserer Abteilungen Julius Maximus und des Civilis Schwestersohn Claudius Victor. Primores der Bataver und Tungerer. Kein Stammkönig. Die reges des vierten Jahrhunderts, Batavi cum regibus sind nach Ammians Ausdrucksweise Gaukönige, XVI, 12, 45.

Die Kannenefaten. Brinno, claritate natalium insigni; dux. Kein Stammkönig.

Die Cherusker: der Vater des Armin Segimer war princeps, der gleichnamige Bruder des Segestes war ἡγεμών; eben so der Sohn des Segestes Segimund; Armin und Segestes waren principes und proceres, Armin dux der Cherusker, er und Inguiomer duces des Cheruskerbundes, jener πολέμαρχος. Strabo VII 1, 4. Ihr Geschlecht war regii stirpis. Vor Italikus kein Stammkönig.

Die Stammverfassung.

Dagegen herrscht das Stammkönigtum zur Zeit des Caesar im Reich des Ariovist, des rex Sueborum, des βασιλεύς. (die centum pagi, mit denen ihm die Heimatgenossen zu Hilfe zogen, standen unter dem Befehl zweier duces. His praeesse Nasuam et Cimberium fratres.)

Zur Zeit des Tacitus fallen unter diese Verfassungsart die Sueben und einige westliche Stämme.

Von den Sueben:

Die Semnonen. Μάσυος βασιλεύς. Dio 67, 5.

Die Hermunduren. Vibilius dux, Vibilius Hermundurorum rex.

Die Markomannen und Quaden. Vannius rex. Vannianum regnum, imperium. Dann Teilherrscher als reges Sueborum Vangio und Sido, dann Sido und Italikus.

Bei Markomannen und Quaden reges ex gente ipsorum, nobile Marobodui et Tudri genus.

Die Gotonen. Gothones regnantur. Germ. 44.

Die Rugier und Lemovier. Erga reges obsequium. Germ. 44.

Die Suionen. Unus imperitat, regia utilitas. Germ. 44.

Die Sithonen. Femina dominatur. Germ. 46.

Dem westlichen Deutschland gehören an:

Die Friesen. Verritus et Malorix, qui nationem eam regebant. Ann. XIII 54.

Die Brukterer haben einen rex. Plinius ep. II 7. Er ist es ex auctoritate Romana.

Die Sugambrer. Sie haben einen Machthaber, Melon, den Strabo ἡγεμών, Augustus rex nennt. Strabo VII, 1, 4.

Endlich die Cherusker seit ihren Bürgerkriegen. Regia stirps. Italikus rex. *Χαριόμηρος βασιλεύς*.

Hinsichtlich der übrigen Germanenstämme fehlt es an jeder Andeutung der Verfassungsart.

Ist die Gauverfassung die ursprüngliche, so ist sie von Osten her verdrängt und hat sich nur im Westen Deutschlands bei den grossen Stämmen erhalten, welche in der vermöge des Herzogtums starken Form der Gauverfassung, die Kämpfe gegen die Römer und Marbod geführt haben. Aber auch von ihnen sind die Cherusker zum Stammkönigtum übergegangen.

Zwölftes Kapitel.

Die geschichtlichen Geschlechter.

Nachdem die Verfassung der Germanen in ihrer zwiefachen Form geschildert, erübrigt es, die geschichtlichen Geschlechter des Landes in ihrem Verhältnis zum Heer, zu Obrigkeit und Königtum zu schildern.

Caesars Darstellungen.

Caesar, der vorwiegend mit Völkerschaften in Berührung kam, bei denen Gauverfassung herrschte, schildert diese in dem Bericht VI 23 prinzipiell, unterlässt es aber, von irgend einem diesem System angehörigen Geschlecht oder selbst einer Einzelperson zu erzählen. Nur ein Fall von Stammverfassung trat ihm entgegen, der (wie die Ausnahme von der Regel) in jener allgemeinen Schilderung keine Stelle fand, aber in dem Träger des Stammkönigtums charakterisiert ist.

Das Königtum des Ariovist.

Das Auftreten des Ariovist in Gallien begann mit einer Heerfahrt. Ein suebischer Adeliger — übte er doch das Vorrecht germanischer Adeliger auf mehrere Frauen. Gall. I 53; Germ. 17 — zog er im Jahr 71 mit einer Schar von 15000 Bewaffneten nebst Weib und Kind nach Gallien, denen noch weitere über den Rhein folgten. Im Sold der Sequaner bekriegte und besiegte er die Haeduer und vernichtete ihren Prinzipat in Gallien. Bis zu Caesars Ankunft daselbst im Jahr 58 belief sich das Heer des Ariovist auf 96000 Mann unter dem Gesamtnamen von Sueben, die aus benachbarten Tribokken, Nemeten, Vangionen und rechtsrheinischen Sedusiern, Markomannen und Sueben sich zusammensetzten. Jeder dieser Stämme machte eine besondere Heeresabteilung aus. Gall. I 31, 51.

Wenngleich Ariovist dem Caesar gegenüber rühmte, seine Krieger seien seit 14 Jahren nicht unter Dach gekommen, so ist nicht zu bezweifeln, dass deren Ansiedlung bereits vollzogen war. 96000 Ansiedlerfamilien stellen eine halbe Million Menschen dar. Für sie hatte er, wahrscheinlich als den bedungenen Lohn, ein Drittel des Gebiets der Sequaner, des besten in ganz Gallien sich einräumen lassen, vermutlich den obern Elsass, dessen Besitz sich zumal wegen der Nachbarschaft Germaniens empfahl, das immerdar neue Kämpfer und Ansiedler sandte. Jenes Drittel nannte er sein durch Kriege erobertes Gallien, sua Gallia, quam bello vicisset, oder er sagte später dem Caesar, die Sequaner selbst hätten ihm die Sitze in Gallien eingeräumt. Warum komme Caesar in seine Besitzungen? Sie seien seine Provinz Gallien, und es sei unbillig, sein Recht zu bestreiten. Caesar selbst erzählt von dem Gebiet des Ariovist, a suis finibus profecisse I 31, 44, 38. Nun waren jüngst noch 24000 Haruden angekommen und er verlangte für sie ein zweites Drittel des Sequanerlandes. I 31.

Das war sein Heer von nunmehr 120000 Mann, das war sein Volksverband, das eine oder dereinst auch das zweite Drittel war sein Gebiet, seine Civitas, regnum Galliarum, Hist. IV 73, in der sich die sieben Völkerschaften zu Gauen verteilen mochten. Er selbst war ihr König, rex. Schon im Jahr 59 unter dem Konsulat Caesars nannte ihn der römische Senat rex et amicus und bestätigte dadurch nach dem Ausdruck des Cassius Dio 38, 34 sein Königtum, *κύρωσιν της βασιλείας*. Im nächsten Jahr bezeichnete ihn der Häduer Divitiakus als Germanorum rex I

35, 31. Für Appian Celtica 16 ist er der Γερμανῶν βασιλεύς und er ist der rex Sueborum, von dem Mela 3, 1 und Plinius Hist. nat. II 65, 170 reden (Mommsen III 231, 235). Er ist kein „Heerkönig“ sondern wie alle der König eines Stammes, der sich unter seiner Führung und durch gemeinsames Geschick zu einem Ganzen verbunden hatte. Von dieser Stellung aus mochte er wähnen, sich des regnum Galliarum bemächtigen zu können.

Nicht nur die Haruden waren dem Ariovist zugezogen, sondern auch die „hundert Heergaue“ seiner Landsleute, der Sueben machten sich unter der Führung der Brüder Nasua und Cimberius als Herzöge zur Hilfeleistung auf, standen aber erst am Rhein, als die Katastrophe über das Heer und die Civitas des Ariovist hereinbrach. His praeesse Nasuam et Cimberium fratres, I 37, 54.

Des Tacitus Darstellungen.

Bei Tacitus gruppieren sich die Nachrichten um die Parteikämpfe der Cherusker, um den Bund, an deren Spitze sie standen, um dessen Kriege gegen die Römer unter Varus und Germanicus und gegen die Sueben unter Marbod (Jahre 9—17), ferner um den Aufstand des Bataverbundes gegen die römische Herrschaft im Gebiet des Rheins (Jahre 69 und 70), um Gauverfassung und Stammkönigtum.

Die Cherusker in Gauverfassung.

Bei den Cheruskern herrschte Gauverfassung. Zwei Parteien kämpften um das Übergewicht, jede unter der Führung eines Geschlechts, die eine romfeindlich, die andre romfreundlich, ob in der Form von Faktionen, factione, Ann. I 58, wie in Gallien, oder im Gegensatz von Gau zu Gau, ist nicht ersichtlich. Die führenden Geschlechter waren das nationale des Segimer und das romfreundliche des Segest, aber in jedem war auch die gegnerische Politik vertreten. Beide Geschlechter sind in mehreren Generationen zu verfolgen.

Das *Geschlecht der Segimer* war adelig, ein königliches Gaugeschlecht, stirps regia, Ann. XI 16; Segimer war Gaufürst, genere nobilis, princeps gentis ejus. Vell. II 118. Sein Bruder Inguiomer war einer der Herzöge des Cheruskerbundes und später unter Marbod von hervorragender Stellung. Ann. I 60; II 17, 21, 45, 46. Des Segimer ungleiche Söhne Armin und der römisch gesinnte Flavus dienten im römischen Heer. Letzterer, wie hervorgehoben wird, mit Zustimmung der Stammversammlung, volentibus Germanis (S. 37), Armin als Führer seiner Stammgenossen, ductor popularium, Beide durch das römische Bürgerrecht und den Ritterrang ausgezeichnet. Ann. II 10; Vell. II 118. Während Flavus den römischen Dienst fortsetzte, war Armin Herzog des Cheruskerstammes und ihres über den deutschen Nordwesten verbreiteten Bundes, πολέμαρχος, erst in Gemeinschaft mit seinem Ohm, dann gegen ihn und den Suebenkönig Marbod. Gleichzeitig werden die Verwandten, propinqui erwähnt, die ihn im Bürgerkrieg erschlugen, etwa Gaufürsten, deren Stellung durch ihn bedroht wurde. Ann. V 19, 10; I 55; II 88. Flavus hatte die Tochter eines Khattenfürsten zur Frau, die den Italikus gebar. Und der sollte als letzter Spross des gauköniglichen Geschlechts, uno reliquo stirpis regiae der Stammkönig, rex der Cherusker werden. Ann. XI 16, 17; Strabo VII 1, 4. So gingen Gaukönige, Stammherzöge, Bundesherzöge und ein Stammkönig aus diesem Geschlecht hervor.

Das *Haus des Segest* war ein grosses und ebenso seine Gefolgschaft, magna manu propinquorum et clientium, wird jedoch als ein königliches nicht bezeichnet. Das Haupt Segest, eine Reckengestalt, ein Mann berühmten Namens, ingens visu, virum clari nominis, war von Augustus mit dem römischen Bürgerrecht beschenkt. Sein Sohn Segimund (bei Strabo VII 1, 4, ἡγεμών) war Priester am Altar der Ubier, seine Tochter Thusnelde war eine der edlen Frauen des Stammes, feminae nobiles. Von weitern Verwandten treten der Bruder des Segest Segimer (bei Strabo ἡγεμών) und dessen Sohn Sesithakus hervor. Letzterer wie Segimund schlossen sich der nationalen Partei an und Thusnelde, welche von dem Vater einem andern zugesagt war, folgte dem Armin als Gattin, und gebar ihm in römischer Gefangenschaft den Thumelikus, den er nie sehn sollte.

Als im Jahr 9 nach Chr. die Cherusker und ihre Nachbarn unter der Führung des Armin, des turbator Germaniae, und seines Vaters Segimer sich gegen die Römer verschworen, verriet Segest den Plan dem Varus und „riet, er möge ihn und Armin und die übrigen Fürsten in Fesseln legen, denn das Volk werde nichts wagen, wenn jene entfernt seien. Suasit Varo, ut se et Arminium et ceteros proceres vinciret. Nihil ausurum plebem, principibus amotis. Aber Varus fiel durch sein Verhängnis und des Armin Macht." Seitdem verschärften sich die Gegensätze zwischen den durch die Entführung Verschwägerten, Cherusker kämpften gegen Cherusker mit wechselndem Erfolg und als im Jahr 15 Segest von seinen Stammgenossen belagert wurde, musste er von Germanicus entsetzt werden. Daran knüpfte sich sein Sturz. Er und die Seinigen wurden von Tiberius mit auszeichnender Rücksicht im Ausland interniert. Sein Geschlecht war damit depossediert. Cassius Dio 56, 18 und 19; Vell. II 118; Ann. I 55, 57, 71.

Um so mehr trat nunmehr der politische Gegensatz zwischen den Brüdern Armin und Flavus hervor. Sie trafen im nächsten Jahr an der Weser zusammen, auf dem rechten Ufer Armin als Herzog des Cheruskerbundes, umgeben von den übrigen Fürsten und einer Leibwache, cum ceteris primoribus, amotis stipatoribus, Flavus als römischer Offizier im Heere des Germanicus. Vergeblich redeten sie über den Fluss hinweg zu einander, dieser Klugheit und Vorteil, jener das geheiligte Recht des Vaterlandes, die Freiheit der Väter, die Götter des innern Germaniens anrufend. Und mit ihm flehe die Mutter, Flavus möge nicht sein Geschlecht und seinen Stamm verlassen und verraten, während er hier herrschen könne, ne propinquorum et adfinium, denique gentis suae desertor et proditor quam imperator esse mallet.

Als später sein Sohn zum Stammkönig gewählt war, wurde der Vater von der Gegenpartei als römischer Spion, explorator gebrandmarkt; niemand habe feindseliger gegen sein Vaterland und die Götter gehandelt. Ann. II 9, 10; XI 16, 17.

Herzöge des Cheruskerbundes waren seit dem Jahr 9 *Armin*, und seit dem Sturz des Segest *Inguiomer*, und es scheint, dass beide so wie der spätere Herzog des Bataverbundes Civilis die Urbilder des Herzogs der Germania sind. „Herzöge wählen sie nach der Tüchtigkeit. Sie stehn mehr durch das Vorbild, als durch den Oberbefehl, wenn sie schlagfertig, wenn sie hervorleuchtend, wenn sie zuvörderst in der Schlacht walten, bewundert an der Spitze.“

Mancher Zug der Art des Armin und seines Schicksals gemahnt wie an das Heldenlied: der Raub der Gattin, der Schmerz um die ihm Wiedergeraubte, die Überlistung des Feindes, die Schmähung des Gegners, der Aufruf zum Ruhm, glänzender Sieg und das Preisen der eignen Tat, vernichtende Niederlage und die Ermordung des mächtig gewordenen Helden durch das eigene Geschlecht.

„Ein Jüngling sechsundzwanzigjährig, stark an Körper, rasch an Geist voll stürmischer Leidenschaft, die sich in Antlitz und Augen ausprägte, nahm er erst wenige, dann mehrere in die Gemeinschaft seines Planes auf.“ Er rief Freiheit, Ruhm, Vaterland und Gottheit an und wurde der Aufwiegler Germaniens, turbator Germaniae. „An das Beschlossene knüpfte er die Tat und stellte die Zeit des Überfalls fest.“ Vell. II 118, Ann. I 59. Er wurde die Verkörperung der nationalen Leidenschaft.

Inguiomer, von altem Ansehn bei den Römern, trat erst spät zur nationalen Sache über.

Hier seien einige sprechende Züge hervorgehoben:

Armin redete auf dem Schlachtfeld des Teutoburger Waldes zum Heer, der genommenen Fahnen und Adler spottend. Bei den Verbündeten forderte er „Waffen gegen Segest, Waffen gegen den Caesar" Germanicus. Er durchbrach mit Auserlesenen, cum delectis (Gefolgen?) den Zug der Römer, als sie an den langen Brücken im Moor steckten. Er riet, die Römer aus dem Lager zu lassen, um sie auf dem Marsch durch den Sumpf zu überwältigen, unterlag aber dem unglücklichen Rat des Inguiomer, das Lager zu stürmen, der wilder und den Germanen willkommen war. Inguiomer wurde schwer verwundet. Bei Idisiaviso sprachen Armin und die übrigen Fürsten der Germanen, aut ceteri Germanorum proceres zum Heere und ermahnten, an der Freiheit festzuhalten. Die Cherusker wurden von den Hügeln vertrieben, aber unter ihnen leuchtete Armin hervor, der durch Hand und Wort, selbst verwundet, die Kämpfenden zusammen hielt. Nach der Niederlage schlugen beide Herzöge sich durch, oder wurden durch die Chauken, die auf römischer Seite kämpften, erkannt und durchgelassen. Bei der Schlacht am Steinhuder Meer zeigte Armin sich schon matter, sei es wegen seiner fortgesetzten Misserfolge oder seiner Wunde, aber Inguiomer durchflog die ganze Schlachtlinie und ihn verliess mehr das Glück als die Tapferkeit. Als ihn die Eifersucht gegen seinen Neffen Armin zu Marbod trieb, beteuerte dieser in einer Anrede an sein Heer, bei welcher er den Inguiomer an der Hand hielt: „Auf diesem Mann beruhe aller Ruhm der Cherusker; nach seinem Rat sei geschehn, was glücklich erreicht sei." Ann. I 51, 60, 61, 65, 68; II 15, 17, 21, 46. Fortsetzung unten S. 95.

Das Suebenreich des Marbod.

Marbod, ein Adeliger, auf der Wanderung der Markomannen nach Böhmen ihr Herzog, dann ihr Stammkönig, wurde schliesslich König des Suebenreichs. Er residierte in einem Königsschloss mit anstossenden Kastel, in dem der angesammelte Schatz der Sueben aufgehäuft lag. Maroboduus e genere nobilis. Maroboduo duce. Regem Maroboduum. Regis nomen. Multis nationibus. Clarissimum regem. E regno Marobodui. Rediturus in regnum. Occupati regni finibus. Regiam castellumque juxta situm. Vell. II 108, 109, 129; Ann. II 26, 44, 45, 62, 63. Ein Heer von 70000 Mann Fussvolk und 4000 Reitern, das er in beständigen Kriegen mit seinen Nachbarn schulte, bildete die Grundlage seiner Macht. Er gab dem festen Körper seines Reiches in unablässiger Arbeit fast die straffe Form der römischen Herrschaft und brachte es in Kriegen auf eine auch dem römischen Reich Furcht erregende Höhe. Es war eine starke Herrschaft, eine königliche Gewalt, nicht germanischen, sondern römischen Regiments. Der Königstitel, regis nomen machte ihn nach dem Ausdruck des Tacitus (oder war es das Königtum?) bei den Germanen verhasst. Vell. II 108, 109 nach Kritz; Ann. II 44.

Die neutrale Politik, die Marbod während der Kämpfe zwischen dem Cheruskerbund und den Römern beobachtete, rächte sich nach beiden Seiten hin. Als die Römer aus Germanien abgezogen, wendete sich der Bund gegen ihn, und als der König geschlagen, fiel sein Reich auseinander. Da auch er den Römern keinen Beistand geleistet, versagte ihm Tiberius Hilfe. Von seiner Herrschaft blieb ihm nur das Königtum über die Markomannen, aber auch dieses wurde ihm durch Katualda, einen jungen Adeligen der Gotonen, der die Primores bestochen hatte, entrissen. Marbod war nunmehr auf das Erbarmen des Kaisers angewiesen. Dieser lobte zwar im Senat die Grösse des Mannes und die ungestüme Gewalt der ihm unterworfenen Stämme: Nicht Philippus sei den Athenern, nicht Pyrrhus oder Antiochus den Römern so fürchterlich gewesen. Aber er hatte für den Gefallenen nur ein Asyl in Ravenna, wo er an Ruhm geschmälert nach 18 Jahren starb. Auch Catualda wurde von dem Stammkönig der Hermunduren Vibilius, Vibilio duce, Vibilius Hermundorum rex, vertrieben. Ann. II 44—46, 62, 63; XII 29.

Die Markomannen und Quaden.

Aus Trümmern des Suebenreichs, aus Markomannen und Quaden, insbesondere auch aus den zahlreichen im Marchthal angesiedelten Anhängern des Marbod und Catualda bildete dann im Jahr 20 der Quade Vannius an der linken Donau das Vannianische Königreich, regnum Vannianum. Rege Vannio gentis Quadorum. Pellitur regno. Prima imperii aetate etc. Nachdem er nach dreissigjährigem Regiment gestürzt, teilten seine Schwestersöhne Vangio und Sido das Reich. Ihre Herrschaft wird als dominatio bezeichnet. Regnum Vangio ac Sido inter se partivere. Vielleicht infolge dieser Teilung schied sich das Königtum der Markomannen in Böhmen von dem der Quaden in Mähren und Oberungarn. Später werden Sido und Italikus, dieser wohl als Nachfolger des Vangio, als reges Sueborum genannt.

Die Herrschaft des Vannius, des Vangio und des Sido endete in Despotismus; die Treue und der Gehorsam des Vangio, Sido und Italikus gegen die Römer werden ihrerseits gelobt. Ann. II 63; XII 29, 30; Hist. III 5, 21. Plinius hist. nat. IV 12, 81; Mommsen Röm. Gesch. V 196, 209.

„Den Markomannen und Quaden, sagt die Germania 42, verblieben bis auf unsere Zeit Könige aus eignem Stamm, das edle Geschlecht des Marbod und Tudrus, reges ex gente ipsorum nobile Marobodui et Tudri genus. Jetzt dulden sie auch schon Fremde. Aber Macht und Gewalt gewährt den Königen das römische Ansehn, sed vis et potentia regibus ex auctoritate Romana. Selten werden sie durch unsere Waffen, öfter durch unser Geld unterstützt."

Die Cherusker und das Stammkönigtum.

Das bei den Sueben heimische Stammkönigtum drang auch gen Westen zu den Cheruskern vor. Seiner Einführung ging das misslungene Unternehmen des *Armin* vorher.

Aus der knappen Erzählung des Tacitus, welche durch die Kenntnis der Verfassungszustände ergänzt wird, scheint sich der historische Zusammenhang dahin zu ergeben:

Die grosse Kriegsepoche der Cherusker und ihrer nordwestlichen Bundesgenossen, ging mit dem Abzug der Römer und der

Niederlage des Marbod vom Jahr 17 zu Ende. Nach der Meinung des Tiberius konnte man jene nunmehr ihren innern Zwistigkeiten überlassen.

So lange der Krieg dauerte, wurde die nationale Selbständigkeit durch die im Bunde zusammengefassten Heere der Stämme und durch die Hegemonie der Cherusker, deren Träger Armin war, gewahrt.

Mit dem Ende des Krieges sollte nach der hergebrachten Verfassung nun eine Wandlung aller politischen Verhältnisse eintreten. Die Heere sollten sich auflösen und damit der Bundesfeldherr in Wegfall kommen. Die Gaue sollten in den lockern Verband des Friedens zurückkehren. Was Armin geschaffen, die Einigung der Stämme blieb nunmehr ohne Schutz, die Verfassung bot keine Garantie für deren Erhaltung. Allmählich mochte der Bund sich lockern und die Hegemonie der Cherusker zerfallen. So wurde die Erhaltung der Kriegserfolge aus einer nationalen eine Verfassungsfrage. Da suchte Armin die Gewalt, die ihm zu entschwinden drohte, sich dauernd zu sichern, indem er sich des Königtums bemächtigte, regnum adfectans, sei es des Königtums über die Cherusker, als einer Grundlage für deren Hegemonie, sei es auch über die Bundesstaaten direkt. Und es mag ihn dazu das Verlangen, das von ihm Geschaffene zu erhalten, wie die politische Notwendigkeit getrieben haben.

Wieder scharten sich „die alten Krieger des Armin“ um ihren Herzog, die Gegner sammelten sich zum Schutz der hergebrachten Verfassung, libertas (S. 80) und unter ihnen waren die Geschlechtsverwandten des Armin selbst, wahrscheinlich Gaufürsten, deren Stellung durch sein Unternehmen bedroht wurde. Man griff zu den Waffen, und kämpfte mit wechselndem Erfolge, bis Armin durch die Hinterlist der Verwandten seinen Tod fand.

Zwölf Jahre lang ist er im Besitz der Gewalt gewesen, duodecim annos potentiae explevit, vom 26. bis zum 37. Lebensjahr, vom Aufstand gegen Varus des Jahres 9 bis zum Ende der Kriegsepoche etwa im Jahr 17, 9 Jahre lang im Herzogtum, seit dem bis zu seinem Tode, etwa 3 Jahre lang im usurpierten Königtum. Noch, sagt Tacitus nach einem Jahrhundert, wird er, in Wahrheit der Befreier Germaniens, von den Germanen besungen. Ann. II 26, 88.

Was der Stamm dem Befreier verweigert hatte, sollte die nächste Generation einem verdienstlosen Gliede seines Geschlechts entgegentragen. Der Bürgerkrieg dauerte fort, und rieb den Adel des Stammes auf. Von ihm blieb nur ein Glied des gauköniglichen Hauses übrig. *Italikus,* der somit alle durch Adel überragte, war der Sohn des römisch gesinnten Flavus, der Neffe des Armin und der Enkel des nationalen Khattenfürsten Aktumerus. Der in Rom Aufgewachsene wurde im Jahre 47 von der Stammversammlung zum Stammkönig erwählt und folgte dem Ruf auf das Zureden des Kaiser Claudius. Amissis nobilibus et uno reliquo stirpis regiae. Accitum memorabat, quando nobilitate ceteros anteiret etc. Cheruscorum gens regem petivit. Die Stellung des rex wird als gentile decus, imperium, potentia, regnum bezeichnet und dasselbe deuten auch die Worte an: principem locum impleat und super cunctos attolatur. Den hergebrachten Parteien fremd, wurde er wohl aufgenommen. Bald aber standen wieder zwei Faktionen einander gegenüber. Die eine sah in dem König den Sohn des römischen Spion Flavus, fürchtete den Verlust der nationalen Freiheit, veterem Germaniae libertatem adimi, und das Aufsteigen der römischen Macht, die andere erblickte darin nur einen Vorwand zur Verdeckung eignen Interesses und wollte seine Tüchtigkeit erproben, ob sie des Armin und Aktumerus würdig sei. In einem Kampf blieb der König Sieger, verfiel in Übermut, ad superbiam prolapsus, wurde verjagt und durch die Langobarden wieder eingesetzt. So artete sein Königtum in Despotismus aus und wurde in Glück und Unglück für seinen Stamm verhängnisvoll. Ann. XI 16, 17.

Noch wird im Jahr 85 ein König, βασιλεύς der Cherusker *Chariomerus,* erwähnt, der, von den Khatten vertrieben, durch seinen Anhang wieder eingesetzt, sich, als dieser ihn verlassen, den Römern unterwerfen musste, die ihn mit Geld unterstützten. Dio Cas. 67, 5.

Seitdem verschwindet der Stamm der Cherusker aus der Geschichte. Früher tüchtig und recht geheissen, schildert die Germania, werden sie jetzt, durch langen Frieden verweichlicht, träge und töricht genannt. 36.

Die Khatten.

Wie ursprünglich die Cherusker, so lebten auch die Khatten in Gauverfassung. Während jene aber zum Stammkönigtum und zur Römerfreundschaft übergingen und die Hegemonie verloren, blieben diese der Verfassung und der nationalen Gesinnung treu und erwarben damit die politische Führung. Von ihren Obrigkeiten werden Gaufürsten (als militärische Führer) und der Herzog erwähnt, praeponere electos, audire praepositos, reponere in duce. In der ersten Hälfte des ersten Jahrhunderts nach Chr. treten drei principes Chattorum hervor, Arpus, dessen Frau und Tochter bei einem römischen Zuge gefangen wurden, Argandestrius, der sich dem römischen Senat erbot, den Armin zu vergiften und Aktumerus (bei Strabo VII 1, 4 ἡγεμών), der nationalgesinnte Grossvater des Italikus. Verwandtschaftliche Beziehungen sind nicht zu ersehn. Germ. 30; Ann. II 7, 88; XI 16, 17. —

Die Bataver.

Der Urheber und die Seele des batavischen Aufstandes, der kühne Vertreter der politischen Zwecke dieser grossen Bewegung der Jahre 69 und 70 war der Bataver Julius Civilis. Er und sein Bruder Julius Paulus waren wie Arminius gaukögniglichen Stammes, regia stirpe multo ceteros anteibant. Civilis hatte 25 Jahre lang in römischen Lagern gedient und war als nobilissimus nach altem Brauch Präfekt einer Bataverkohorte. Hist. IV 71, 12, 13, 32. Als erst Batauer, Kannenefaten und Friesen das Insurgentenheer bildeten, ward er deren gemeinsamer Herzog und die Germanenstämme von beiden Ufern des Rheins, welche sich später dem Bunde anschlossen, werden ihn damit als Bundesherzog angenommen haben.

Nec Brinnonem ducem ejus belli, sed Civilem esse patuit. Civilis justi jam exercitus ductor. Civilis wie der römische Oberbefehlshaber werden duces genannt. Dux uterque. Neuter ducum cunctator. Hist. IV 13, 16, 21, 34; V 14. Unter seinem Oberbefehl waren Führer grösserer Abteilungen, auch duces Julius Maximus und des Civilis Schwestersohn Claudius Victor. Hist. IV 33.

Bei Beginn des Kriegs legte Civilis, hierin ein Khatte, Germ. 38, das Gelübde ab, bis zur Vernichtung der Legionen das Haupthaar rot zu färben und es nicht zu scheren, und er führte dies aus, bis der Verheissung der Veleda gemäss die beiden Legionen von Vetera aufgerieben waren. Germ. 29, 31; Hist. IV 61. Bei einem der ersten Kämpfe am Niederrhein umgab er sich mit den Feldzeichen der gefangenen Kohorten, damit den Siegern ihr eigner Ruhm vor Augen stände, und mit den Weibern und Kindern stellte er auch die eigne Mutter und Schwester hinter die Front, um zum Siege anzufeuern oder zur Beschämung der Besiegten; und so ertönte die Schlachtordnung von dem Kriegsgesang der Männer und dem Geheul der Weiber. Hist. IV 18; Germ. 7, 8. Unter Entfaltung aller seiner Streitkräfte zog er rheinaufwärts zur Belagerung von Vetera, den Kern der Bataver in der Mitte, beide Rheinufer mit Germanenhaufen bedeckt, um sein Erscheinen fürchterlicher zu machen, die Reiterei die Ebene durchsprengend, Schiffe im Gefolge, hier die Feldzeichen der Veteranenkohorten, dort die den heiligen Hainen entnommenen Tierbilder, mit denen jeder Stamm in den Kampf zog. Hist. IV 22; Germ. 7. Ähnlich schloss mit einer grossen Schiffsdemonstration an der Maasmündung der Krieg. Eingegeben zunächst durch die Eitelkeit des Civilis, sollte sie die Zufuhr aus Gallien verhindern. Hist. V 23.

Es erinnern auch hier einzelne Züge an die Schilderung der Germania vom Herzog. Die römischen Soldaten rühmten ihrem kranken Legaten Hordionius Flaccus gegenüber, der vom Bett aus kommandierte: Civilis stehe vor dem Heere da und ordne die Schlachtreihen. Als er in einem Kampfe vor Vetera mit dem Pferde stürzte und das Gerücht sich verbreitete, er sei tot oder verwundet, da verbreitete sich bei den Seinigen gewaltiges Entsetzen, bei den Römern grosser Jubel. Bei dem Zuge gegen die sich ihm feindlich gegenüberstellenden Tungrer drang Civilis persönlich in ihren Heerhaufen ein und rief: Nehmt unser Bündnis an. Ich trete zu Euch über, mögt Ihr mich als Herzog oder lieber als gemeinen Krieger haben wollen. Das riss die Menge fort und sie ging zu ihm über. Er stand auf der Höhe seiner Macht, als er die Germanenstämme von beiden Ufern des Rheins mit sich vereinigt hatte. Freiwillig oder aus Furcht vor Civilis waren sie ihm zugefallen. Hist. IV 24, 34, 66.

Auch der batavischen und tungrischen primores und proceres geschieht Erwähnung. Hist. IV 14, 66; V 25.

Die Kannenefaten.

Ein germanischer Stammherzog war der Kannenefate Brinno, dessen Ahnen von hoher Berühmtheit waren. Die Wahl wurde durch Erhebung auf den Schild vollzogen. Brinno claritate natalium insigni. dux deligitur. Hist. IV 15, 16.

Dagegen war der Kannenefate Gannaskus, der im Jahr 47 an der Spitze des grossen Raubzugs der Chauken stand, nicht der Herzog dieses Stammes, sondern der Führer dieser Heerfahrt. Duce Gannasco. Ann. XI 18, 19.

Die Treverer.

Bundesherzöge der (keltischen oder keltisierten) Treverer waren Julius Klassikus und Julius Tutor. Ersterer ragte durch Adel und Reichtum hervor. Er war von gauköniglicher Abkunft und sein Geschlecht in Frieden und Krieg berühmt. Im römischen Heer hatte er gleichfalls als Präfekt der treverischen Reiterei gedient. Classicus nobilitate opibusque ante alios; regium illi genus et pace belloque clara origo. Hist. IV 55; II 14. Julius Tutor war vormals Präfekt des Rheinufers. Hist. IV 55. Klassikus und Tutor schlossen im Lauf der Ereignisse mit den Duces der Germanen Bündnisverträge ab. Hist. IV 57.

Ein treverischer Stammherzog scheint Julius Valentinus zu sein, ein unerfahrener junger Mann, dem es mehr auf Worte und Heerversammlungen ankam, als an Waffen, dessen starker aber ungeordneter Heerhaufen bei Rigodulum geschlagen wurde. Ducem Valentinum. Dux hostium Valentinus. Hist. IV 71, 76, 85.

Die Bundes- und Stamm-Herzöge.

In den grossen Kriegen des ersten Jahrhunderts nach Christus entstammten hiernach die Bundesherzöge sämtlich gauköniglichem Adel und hatten die Schule des römischen Kriegsdienstes mit Auszeichnung durchgemacht. Von den Stammherzögen ist nur bei Brinno die hohe Abkunft zu erkennen.

Zweites Buch.

Die Kelten.

Galater, Britannier, Gallier.

Dreizehntes Kapitel.

Die galatischen Kelten.

Die Keltenzüge.

Die Geschichte der Kelten beginnt mit der Wanderung grosser Volksmassen aus Gallien und vom Rhein in die südeuropäischen Halbinseln; die Zeit um 500 vor Chr. führte sie nach Iberien, die um 400 nach Italien, die um 300 nach Griechenland. Der jüngste Zug, dessen Mittelpunkt die Volcae Tektosages waren, ging vom Mittelrhein aus und wendete sich einerseits gen Süden, wo zwischen den Pyrenäen und der untern Rhone Volcae Tektosages und Volcae Arecomici sich niederliessen, andererseits gen Südosten, wo sie, Drau und Sau hinter sich lassend, im Gebiet der Morava festen Fuss fassten. Die Germanen, neben denen sie am Rhein sassen, nannten sie „welsch" (Walh, Volcae), die Griechen während ihres Aufenthalts im Osten „Galater". Seit dem Jahr 281 machten sie Einfälle in die Halbinsel, zogen 280 mit drei Heeren nach Thracien, Makedonien, Illyrien, und während Brennus (der „Heerkönig") 279 mit einem gewaltigen Heer in der Richtung auf Griechenland zog, trennte sich unter der Führung von Leonorius und Lutorius eine Schar von 20000 Mann von ihm und zog durch Thracien hinüber nach Kleinasien. Hièr erstarkten sie, durch Nachschübe gekräftigt, in ihren Sitzen am Sangarius und Halys. Ihre drei Stämme, die Tolistobogier, die Tektosagen und Trokmer wurden der Schrecken von Kleinasien und machten es bis zum Taurus und bis nach Syrien hin sich tributär.

Geschlagen wurden sie zuerst im Jahr 276 von Antiochus dem Ersten, dem König von Syrien, dann 229 von Attalus dem Ersten, dem König von Pergamon, dessen Sieg von der pergamenischen Kunst in dem sterbenden Fechter (Gallier) und der Galliergruppe (in römischen Museen) verewigt wurde. Ihm folgte im Jahr 189 der erste Konflikt der Galater mit den Römern. Vor deren Angriff zogen sie sich auf die Höhen des Olymp und des Maguba bei Ankyra zurück, und bei dieser Gelegenheit zeugen von der Stärke der Tolistobogier ihre Verluste von 10 000—40 000 Gefallenen und 40 000 Gefangenen, während die Heere der Tektosagen und Trokmer auf 50 000 Mann Fussvolk und 10 000 Mann abgesessene Reiter geschätzt werden, allerdings nur zweifelhafte Ziffern. An beiden Orten besiegt, behielten sie doch Freiheit und Verfassung, und ihre Gebiete wurden erst im Jahr 25 v. Chr. zur römischen Provinz Galatia umgewandelt.

Müllenhof deutsche Altertumsgeschichte II S. 259—282. Contzen die Wanderungen der Kelten, dritter Abschnitt, S. 209 bis 269.

Strabo über die Galater.

Strabo, der etwa im Jahr 60 vor Chr. in der Nachbarschaft der Galater in Amasia geboren war, gibt, somit wohl aus nachbarlicher Kunde ein abgeschlossenes systematisches Bild ihrer staatlichen Einrichtungen, wie sie von altersher, *πάλαι* waren, wie sie sich bis zur Zeit des Strabo, *Καθ' ἡμας* entwickelten, und wie sie durch die Einwirkungen der Römer sich veränderten.

Die Darstellung Strabos lautet:

Τριῶν δὲ ὄντων ἐθνῶν ὁμογλώττων καὶ κατ' ἄλλο οὐδὲν ἐξηλλαγμένων, ἕκαστον διελόντες εἰς τέτταρας μερίδας τετραρχίαν ἐκάλεσαν, τετράρχην ἔχουσαν ἴδιον καὶ δικαστὴν ἕνα καὶ στρατοφύλακα ἕνα, ὑπὸ τῷ τετράρχῃ τεταγμένους, ὑποστρατοφύλακας δὲ δύο. ἡ δὲ τῶν δώδεκα τετραρχῶν βουλὴ ἄνδρες ἦσαν τριακόσιοι, συνήγοντο δὲ εἰς τὸν καλούμενον Δρυνέμετον. τὰ μὲν οὖν φονικὰ ἡ βουλὴ ἔκρινε, τὰ δὲ ἄλλα οἱ τετράρχαι καὶ οἱ δικασταί. πάλαι μὲν οὖν ἦν τοιαύτη τις ἡ διάταξις, καθ' ἡμᾶς δὲ εἰς τρεῖς, εἶτ' εἰς δύο ἡγεμόνας, εἶτα εἰς ἕνα ἧκεν ἡ δυναστεία, εἰς Δηιόταρον, εἶτα ἐκεῖνον διεδέξατο Ἀμύντας· νῦν δ' ἔχουσι Ῥωμαῖοι καὶ ταύτην καὶ τὴν ὑπὸ τῷ Ἀμύντᾳ γενομένην πᾶσαν εἰς μίαν συναγαγόντες ἐπαρχίαν. XII, 5, 1.

„Es sind drei Stämme, die sich derselben Sprache bedienen und auch in sonstigen Angelegenheiten sich in nichts unterscheiden, obgleich sie jeden Stamm in vier Teile zerlegt haben, deren jeden sie eine Tetrarchie nannten. Jede hatte einen Tetrarchen und einen Richter und einen Anführer des Heeres, die dem Tetrarchen untergeben waren, und zwei Stellvertreter des militärischen Anführers.

Der Rat der zwölf Tetrarchen bestand aus dreihundert Männern. Diese kamen an einem Ort Drunemeton (an heiliger Stätte) zusammen. Über Mord urteilte der Rat, über die anderen Sachen die Tetrarchen und Richter.

So nun war *von alters her* die Einrichtung. *Zu unserer Zeit* aber kam die Herrschaft an drei, dann an zwei Hegemonen, dann an den einen Dejotarus, welchem Amyntas folgte. *Jetzt* haben die Römer sowohl die (galatische) als die übrige Herrschaft des Amyntas inne und zu einer Provinz (Galatia) vereinigt.

Die uralte Stammverfassung.

Der *Gau* bildet die Grundlage. Je vier Gaue, Tetrarchien, τετραρχίαι vereinigen sich zu einem der drei Stämme, ἔθνη; an der Spitze jeder Tetrarchie steht der Tetrarch, τετράρχης in dem eigentlichen Zahlensinn des Worts.

In demselben Sinn erwähnt Appian de bello Mithrid. 46 und 54 und Plutarch de mulierum virtut. 23 galatische Tetrarchen, die von Mithridates getötet wurden, und Hirtius de bello Alexandrino 67, solche, die sich gegen die Anmassungen des Dejotarus wendeten. Die Würde des Tetrarchen ist erblich. Es gab galatische Tetrarchen ἀπὸ γένους, der galatische Priester Ateporix war τετραρχικοῦ γένους. Strabo XII. 3, 1; 3, 37. Unter dem Tetrarchen stehen, dem Gau entsprechend ein Richter, δικαστής, ein militärischer Führer, στρατοφύλαξ und dessen zwei Stellvertreter, ὑποστρατοφύλακες.

Über den *Stamm* herrscht der Stammkönig, ἡγεμών. (Siehe unten.)

Weiter erzählen Polybios XXII 21, 22 und Livius XXVIII 12—27 von dem schon erwähnten Konflikt zwischen den Römern und Galatern des Jahres 189.

Während bis dahin von Gauheeren und ihren Führern die Rede war, erscheinen jetzt Stammheere und treten Stammhäupter in den Vordergrund.

Polybios und Livius unterscheiden, wie schon erwähnt, die Stammheere der Tolistobogier und die für den Feldzug vereinigten der Tektosagen und Trokmer, und hinsichtlich ihrer Führer πρῶτοι ἄνδρες und principes einerseits und höherstehende Fürsten, βασιλεῖς, reguli, reges, duces andererseits. Die letzteren drei werden zunächst als reguli in der Zahl der drei Stämme bezeichnet, (es waren Orteogon, Kombolomarus und Gaulotus (der Erste speziell noch als βασιλεύς, regulus), und dann bei den Tektosagen und Trokmern als reges oder duces. Bei den scheinbaren Friedensunterhandlungen dieser beiden Stämme mit den Römern, von jenen eingeleitet, um Zeit zu gewinnen, wurden zunächst die βασιλεῖς, reges erwartet, kamen aber nicht wegen ungünstiger Vorzeichen; dann erschienen die πρῶτοι ἄνδρες, principes, die wohl verhandeln, aber nicht abschliessen konnten, und endlich sollten wieder die βασιλεῖς, reges erscheinen. Aus dieser Darstellung ergibt sich, dass die πρῶτοι ἄνδρες oder principes die *Tetrarchen* des Strabo sind, dass die βασιλεῖς, reguli, reges, duces mehrere Ausdrücke für denselben Begriff, *Stammhäupter königlichen Charakters* sind, und dass die Verfassung jedes Stammes im *Königtum* besteht. (Bei den Juden hiess ein solches Stammhaupt ἐθνάρχης).

Die Ausdrucksweise des Strabo bedarf einer besonderen Untersuchung: den Gaufürst nennt er bei den Germanen (so bei den Cheruskern und Khatten S. 85) ἡγεμών, bei den Galatern τετράρχης; den Stammkönig bei den Galatern ἡγεμών. In der Einleitung zu obiger Stelle XII 5, 1 bezeichnet er zwei Hegemonen, nach denen die Trokmer und Tolistobogier sich selbst genannt haben, δύο των ἡγεμόνων; und auch die drei Hegemonen entsprechen den drei Stämmen, τρεῖς ἡγεμόνες, und sie gehören der uralten Stammverfassung an, denn die Worte der Stelle: „Zu unserer Zeit kam die Herrschaft an drei, dann an zwei Hegemonen, dann an den Einen Dejotarus“ werden heissen: Unser Zeitalter hat noch die drei, dann die zwei Hegemonen u. s. w. erlebt.

Auch für die Erblichkeit der Würde des Stammkönigs liegt eine Andeutung vor. Die Tetrarchie seines Vaters (hier die Stammherrschaft) ging auf Dejotarus über (siehe unten).

Der *Bund der drei Stämme* τρία ἔθνη wird verkörpert durch den Inbegriff der zwölf Tetrarchen, den Fürstenrat und den neben ihm stehenden *Senat*, βουλὴ *der Dreihundert*, von denen je 25 auf jede Tetrarchie fallen (vielleicht ein Ausschuss des nicht genannten Adels) und, wie anzunehmen, durch die drei Stammkönige. Fürstenrat, Senat und Könige sind die Repräsentation der zwölf Tetrarchien und der drei Stämme. Nach ihrer Zusammensetzung und ihrer Versammlung an heiliger Stätte ist es nicht zweifelhaft, dass sie „die höchste Autorität der Nation“ darstellen. (Mommsen, Römische Geschichte I 698). —

Strabo behandelt das Heer weder des Stammes noch des Bundes und er kennt keine Vollversammlung der Volksgenossen, weder im Gau, noch im Stamm, noch im Bunde; statt dieser jedoch den Senat.

Von den Obliegenheiten der Obrigkeiten bespricht er nur das Kriegswesen und die Rechtspflege. Dass der Tetrarch und die militärischen Anführer an der Spitze des Gauheeres stehen, ist aus der Darstellung zu entnehmen. Wenn es von der Rechtspflege heisst: „Die zwölf Tetrarchen und der Rat urteilen an heiliger Stätte über Mord, die Tetrarchen und Richter über alle übrigen Rechtssachen,“ so erscheint der letzte Satz in seiner Bedeutung zweifelhaft. Heisst es: Sind die an heiliger Stätte vereinigten Tetrarchen und Richter generell zuständig für die Sachen der zwölf Gaue, oder ist jeder Tetrarch und Richter zuständig für die Sachen seines Gaus? Die Satzfolge scheint die erste, die Analogie des Gauheerwesens und die Natur der Sache die zweite Auffassung zu verlangen.

Der jüngste Einheitsstaat.

Auf die Stammverfassung folgt die Umwandlung des Bundesstaats in den Einheitsstaat. Stammkönige versuchten es, sich zu Herrn der drei Stämme zu machen. Der Versuch des Orteogon misslang. Dann scheinen zwei der Stämme, vielleicht die Tektosagen und Trokmer, die im Jahr 189 zusammen gekämpft hatten, vereinigt zu sein, so dass Strabo von nur noch zwei Hegemonen reden kann. Weiter erfolgte die Erhöhung des Dejotarus, deren einzelne Stadien zu verfolgen sind. Vorab ist hier zu bemerken, dass in Galatien wie anderswo die Ausdrücke τετραρχία, τετράρχης die ursprüngliche Bedeutung eines von vier Gauen und eines von vier Gaufürsten verloren, und den Sinn einer Stammherrschaft und eines Stammkönigs angenommen hatten (Mommsen V 503). Dejotarus hatte (nach Strabo XII 3, 13) zunächst „die väterliche Tetrarchie, nämlich die Tolistobogier," d. h. hier also die Herrschaft in deren Stammgebiet inne, ἔχοντα τὴν πατρῴαν τετραρχίαν τῶν Γαλατῶν, τοὺς Τολιστοβωγίους, und war später (nach Hirtius 67) tetrarches Gallograeciae paene totius, bis durch das Wort des Pompejus die Herrschaft über die drei Stämme und Nachbargebiete an den einen, den rex Dejotarus überging, dem Amyntas folgte.

Der gallische Typus der Verfassung.

Die Verfassung der drei Stämme unterscheidet sich in ihrem Aufbau (von Tetrarchie, Tetrarch, Stamm, Stammkönig, Bund, Tetrarchen- oder Fürstenrat, Senat) von den Verfassungen der übrigen kleinasiatischen Stämme. Sie ähnelt aber den gallischen Formen, wie sie Caesar aus seiner Zeit schildert. Die Tetrarchie ist Caesars pagus; der Tetrarch, πρῶτος ἀνήρ ist sein princeps, primus; ἔθνος, populus, civitas ist seine civitas; der ἡγεμών, βασιλεύς, regulus, rex, dux ist sein rex; die Tetrarchen (als Fürstenrat) sind seine principes als Fürstenrat, der Senat der Dreihundert ist sein senatus.

Die Verfassung der Galater ist also nicht in Kleinasien entstanden, sondern auf dem Wanderzuge der Gallier gen Osten mitgeführt, in den neuen Sitzen weiter beobachtet, und somit als ein Abbild der allgemeinen gallischen Staatsformen vom Jahr 300 und weiter rückwärts zu betrachten.

Unbegründet ist damit die Meinung Perrots de Galatia provincia Romana S. 16, dass die turbulenten Zustände, in denen die Galater gelebt, jede Rechtsordnung ausgeschlossen hätten.

Werden wir also zu dem altgallischen Ursprung der kleinasiatischen Kelten zurückgeführt, so fällt auf ihre spätere Entwicklung ein leuchtender Schimmer. Es ist der Galaterbrief des Apostel Paulus und die Bemerkung des heiligen Hieronymus zu dessen Einleitung, worin er aus dem vierten oder fünften Jahrhundert nach Chr. bezeugt, dass die Galater ausser dem im Orient gebräuchlichen Griechischen, noch die Sprache der keltischen Treverer sprächen, wenn auch mannigfach verdorben, woran ja nichts liege. Reddimus, Galatas, excepto sermone Graeco, quo omnis Oriens loquitur, propriam linguam eandem paene habere, quam Treveros, nec referre, si aliqua exinde corruperint.

Vierzehntes Kapitel.

Die britannischen Kelten.

Ihre Kultur.

Das alte Britannien lernen wir aus den Feldzügen Caesars der Jahre 55 und 54 vor Chr. und aus dem Zeitraum von 150 Jahren später, dem Alter des Claudius bis Domitian kennen, aus Caesars Bericht IV 20—36; V 2, 5, 8—23; aus des Tacitus Agricola 10—40, Annalen XII 31—40; XII 29—39; Historien III 45.

Die Stämme des Inneren hielten sich für Eingeborene. Sie bauten kein Getreide, lebten von Viehzucht und hüllten sich in Felle.

In den Süden Britanniens hatte aus Belgien eine keltische Einwanderung stattgefunden. Die Belgen kamen plündernd und kriegsführend, eroberten die Küstenstriche, siedelten sich an und trieben Ackerbau. Die von ihnen gegründeten Staaten führten belgische Namen und bis in das Zeitalter Cäsars herrschte auch in Britannien der mächtige König der belgischen Suessionen Deviciakus.

Seither standen die Uferstaaten im lebhaften Verkehr mit Gallien. Zahlreiche gallische Kaufleute trieben in Britannien Handel. Die seekundigen Veneter sendeten ihre Schiffe. Zahlreiche Fahrzeuge landeten in Kantium (Kent). Das Handelsvolk der Kantier hatte fast gallische Lebensart angenommen. Vielfach glichen die Einzelhöfe den gallischen. Andererseits hiess es in Gallien, die Lehre der Druiden stamme aus Britannien, und ihre Jünger gingen dahin, um sich unterweisen zu lassen.

Wälder, wenige Städte, Einzelhöfe bedeckten das Land. Von Dörfern vici, ist keine Rede. Die Wälder waren den gallischen ähnlich, hatten aber weder Buche noch Tanne, V 12. Städte, oppida nannten die Einwohner, wenn sie unzugängliche Wälder mit Wall und Graben befestigt hatten, in die sie sich vor dem Feind zurückzuziehen pflegten. Nur zwei von Natur und durch Kunst feste Orte werden von Caesar genannt, einer eine dauernde Anlage, deren Zugang durch Verhaue gesichert war, der andere die geräumige Stadt des Königs Kassivellaunus, von Wäldern und Sümpfen geschützt, V 9, 21. Zahlreich waren die Einzelhöfe, aedificia, ausgedehnt, von reichem Viehstand und bebautem Acker umgeben, IV 35; V 12. Wie in Gallien die oppida, vici und aedificia, in Germanien vici und aedificia, so waren in Britannien die aedificia die Gegenstände der Zerstörung im Kriege, IV 35.

Stamm und Gaue.

Caesar fand eine keltische Nation, genus hominum von unendlicher Menge, hominum infinita multitudo, zerfallend in Stämme, nationes, IV 20 und Stammverbände, civitates (häufig), und diese in Gaue regiones, V 22.

Der Heerbann.

Das Stammheer entspricht dem Stammverband, aber es ist nicht zu ersehen, ob es auch in Gaue geteilt ist. Der Keil ist nicht bekannt, im Gegenteil kämpft man niemals in geschlossenen Haufen, sondern vereinzelt und in grossen Zwischenräumen; dagegen bestellt man zur Ablösung bereite Reserven. Accedebat huc, ut nunquam confertim, sed rari magnisque intervallis proeliarentur, stationesque dispositas haberent, V 16.

Das Heer besteht aus Reitern, Wagenkämpfern und Fussvolk.

Reiter und Wagenkämpfer suchen in den Feind einzudringen; diese springen dann von den Wagen und kämpfen mit jenen zu Fuss, ähnlich dem Mischkampf der Germanen, Gall. IV 33, V 16 und sonst; Agr. 35. Nach Tacitus liegt die Macht im Fussvolk und ist der Wagenkampf nur bei einzelnen Stämmen üblich. Der Vornehmere ist der Wagenlenker, den die Kämpfer schützen, Agr. 12. Nach Strabo ist der Wagenkampf auch den Galliern bekannt, wovon Caesar schweigt, IV 5, 2.

Die staatlichen Ordnungen.

Ihrer sind mehrere δυναστεῖαι δ' εἰσὶ παῤ αὐτοῖς, Strabo IV 5, 2. Es sind das *Stammfürstentum* oder die Gauverfassung und das *Stammkönigtum* oder die Stammverfassung, deren Grundzüge überliefert sind. Charakteristisch sind Fürsten und Könige, ihr Adel und ihre Erblichkeit. Nicht erwähnt werden der Fürstenrat und die Landesgemeinde, und von den höchsten Obrigkeiten tritt nur der Stamm- und der Bundesherzog auf.

Diodor unterscheidet δυνάσται, Gaufürsten und βασιλεῖς, Stammkönige, V 21, Caesar aber bezeichnet beide unterschiedslos als reges. Unbestimmt bleibt, ob in den folgenden Stellen unter reges, reguli, principes die einen oder die andern zu verstehen sind.

Olim (Britanni) regibus parebant, nunc per principes factionibus et studiis distrahuntur, Agr. 12. Hier wird das patriarchalische Königtum der Cäsarischen Zeit, also Gau- oder Stammkönigtum in Gegensatz zu den Fürsten des nächsten Jahrhunderts gestellt, die, sei es als Obrigkeiten, sei es als principes factionum im gallischen Sinn (Kap. XXII) das Land in Parteien zerrissen. Zweifelhaft erscheinen weiter die domitae gentes, capti reges, Agr. 13; die singuli reges, Agr. 15 (im Gegensatz zu den Doppelgewalten des römischen Legaten und Prokurator); die reguli, welche verschlagene römische Soldaten heimbeförderten, Ann. II 24; der unus ex regulis gentis (Hiberniae), der vertrieben von Agricola aufgenommen wurde, Agr. 24 und die principum filii, welche er in den freien Künsten unterrichten liess, Agr. 21.

Die *Stammherzöge* und *Stammkönige* sind alle von hervorragendem *Adel*, während im übrigen vom Adel und von Gemeinfreien kaum die Rede ist. Der Stammherzog der Kantier war nobilis dux Lugotorix V 22. Das Bundesheer der Kaledonier schloss bei den Graupischen Bergen die nobilissimi von ganz Britannien in sich, Agr. 30. Der König der Trinovanten Taratakus konnte sich seines Geschlechts rühmen, quanta nobilitas, — — claris majoribus ortum, Ann. XII 37. Die Königin der Icener Boudikka war generis regii femina, tantis majoribus orta, Agr. 16; Ann. XIV 35. Die Königin der Briganten Kartimandua war pollens nobilitate, Hist. III 45. Kalgakus, der Bundesfeldherr der Kaledonier, war unter mehreren Stammherzögen durch Tapferkeit und Geburt hervorragend, genere praestans, Agr. 29.

Wiederholte Fälle, in denen Söhne auf die Väter als reges folgen, zeigen die *Erblichkeit* der Würde. Dass sie dabei von der Zustimmung des Stammes abhängig war, ist wahrscheinlich, aber nicht zu ersehn.

Dem fürstlichen oder königlichen Adel wird das *Volk*, multitudo gegenübergestellt, also wohl die Gemeinfreien. Ihr Unverstand wird wie in Gallien verwendet, um misslungene Unternehmungen dem Caesar gegenüber zu entschuldigen. (Hostes) culpam in multitudinem conjecerunt et propter imprudentiam, ut ignosceretur petiverunt. Caesar ignoscere imprudentiae dixit, Gall. IV 27.

Die Gauverfassung.

Nur Caesar gedenkt eines einzigen Falles von Gauverfassung, während nach beiden Autoren das Stammkönigtum (regnum, Gall. V 20; Ann. XII 40; XIV 31; Hist. III 45) die herrschende Staatsordnung ist.

Das Handelsvolk der *Kantier* (Kent an der südlichen Themse) hatte sich diese Verfassung bewahrt.

Ihr Stamm hatte vier Gaue regiones, an deren Spitze je ein Gaufürst, rex stand. Im Kriege führte ein Herzog von adligem Geschlecht den Oberbefehl über ihre Heerhaufen. Cantium, quibus regionibus quattuor reges praeerant, Cingetorix, Carvilius, Taximagulus, Segovax — — nobili duce Lugotorige, V 22.

Die Stammverfassung.

Unter Stammkönigtum lebten folgende Stämme, die sich meist zu Bünden zusammenschlossen:

Der Stamm des *Kassivellaunus.* Weder der Stamm noch die Königswürde ist genannt. Aber Caesar spricht von seinem Gebiet und seiner Stadt, von seiner Kriegsführung und charakterisiert ihn dadurch als Stammkönig. Cujus fines; Oppidum Cassivellauni; Huic bella intercesserant, V 11, 21. Den Angriffen Caesars gegenüber schlossen die früher verfeindeten Stämme (insbesondere auch die Kantier) einen Bund und übertrugen durch gemeinschaftlichen Beschluss dem Kassivellaunus den Oberbefehl, Summa imperii bellique administrandi communi consilio permissa Cassivellauno. Hunc toti bello imperioque praefecerant V 11. Das Heer wurde geschlagen, der Bund löste sich auf, der Stammherzog der Kantier wurde gefangen, der Bundesherzog unterwarf sich, V 22.

Der Stamm der *Trinovanten* mit der Hauptstadt Kamalodunum (Colchester). In früherer Zeit hatte Kassivellaunus ihren König getötet. Dessen Sohn Mandubratius war geflohn, aber von Caesar als König eingesetzt. Der wahrscheinliche Nachfolger war Dubnovellaunus, dann Tasciovanus und dessen Sohn Kunobellinus (Shakespeares Cymbeline), der die Beziehungen zu Rom abbrach und, kurz bevor Claudius die Eroberungspolitik Caesars wieder aufnahm (im Jahr 43), starb. Seine Söhne waren Adminius, der bei Caligula Schutz suchte, Togodamnus und Karatakus. Bei der Einnahme von Kamalodunum fiel Togodamnus und als letzter König blieb Karatakus. Er konnte sich seines Königsgeschlechts wie seiner Macht rühmen, denn er herrschte, ein grosser König, über mehrere Stämme. Tanti regis. Pluribus gentibus imperitantem, Ann. XII 37, 38. Ausser den Trinovanten im Osten werden, sei es als Untertanen oder als Bundesgenossen die *Siluren* und *Ordoviker* im Westen genannt. Als ihr König oder Bundesherzog, der hervorragendste der britannischen Stammherzöge, quem multa ambigua, multa prospera extulerant, ut ceteros imperatores praemineret, führte Karatakus neun Jahre hindurch den nationalen Kampf gegen die Römer. Geschlagen und von der Königin der Briganten, bei der er Schutz gesucht hatte, verräterisch an die Römer ausgeliefert, wurden er, seine Gattin, Tochter und Brüder im Triumph aufgeführt, aber begnadigt. Denn „sein Ruf war über die Inseln und die nächsten Provinzen verbreitet und wurde selbst in Italien gefeiert, und man verlangte, den zu sehn, der so viele Jahre hindurch der römischen Macht Trotz geboten hatte". Ann. XII 33—37; Hist. III 45. Mommsen V 155 u. flgde.

Der Stamm der *Regner* (Chichester). Bei der Einrichtung der römischen Provinz Britannien im Jahr 43 blieb ihr König Kogidumnus römischer Lehnfürst, der, ein Werkzeug zur Knechtschaft, mit verschiedenen Stammverbänden ausgestattet wurde. Quaedam civitates Cogidumno regi donatae, Agr. 14.

Der starke Stamm der *Icener*. Ihr König Prasutagus, der in die gleiche Stellung zu den Römern trat, setzte neben seinen Töchtern den Kaiser Nero zum Erben in Königtum und Haus, regnum et domum ein, aber die schamlose Behandlung der königlichen Familie führte im Jahr 61 zu einem Bunde der *Icener*, der *Trinovanten* und „aller noch nicht durch Knechtschaft gebrochenen *Stämme*, um die Freiheit wieder zu gewinnen". Boudikka, die Witwe des Königs, führte als Bundesherzog, Boudicca duce, das Bundesheer, indem sie zu Wagen, die Töchter vor sich, einherzog. Denn bei dem Oberbefehl sieht man nicht auf das Geschlecht. Neque sexum in imperiis discernunt. (Boudicca) solitum Brittannis feminarum ductu bellare testabatur, Agr. 16; Ann. XIV 35. Siebzigtausend römische Bürger und Bundesgenossen wurden gemordet, die römischen Städte vernichtet, aber endlich wurde das Bundesheer geschlagen, dessen Tote auf achtzigtausend geschätzt wurden. Boudikka nahm Gift, Ann. XIV 31—35; Agr. 16.

Der mächtigste Stamm der *Briganten* im Norden der Provinz. Ihre Königin Kartimandua, regina Brigantum steigerte ihre Macht, indem sie durch die Auslieferung des Karatakus die Gunst des Kaisers Claudius erwarb.

Die feindlich Gesinnten empfanden es allerdings als Schmach, der Herrschaft einer Frau unterworfen zu sein, ignominia, ne feminae imperio subderentur, Ann. XII 40. Auch ihr erster Gemahl Venutius war römisch gesinnt. Als sie sich aber von ihm schied und seinen Waffenträger zur Ehe und in die Königswürde aufnahm, in matrimonium et regnum accepit, brachte jener die Briganten auf seine Seite, und aus dem Kampf zwischen beiden Gatten wurde Krieg zwischen den Römern und Briganten, welche an dem kriegserfahrenen Venutius ihren Führer fanden. Die Herrschaft, regnum blieb dem Venutius, schliesst Tacitus, uns der Krieg, Ann. XII 40; Hist. III 45.

Der Bund der *kaledonischen Stämme* vom Jahr 84. Kalgakus, der unter den Stammherzögen hervorragend war, wird selbst ein solcher gewesen sein. Foederibus omnium civitatum — — inter pluribus duces virtute et genere praestans, Agr. 29.

Fünfzehntes bis dreiundzwanzigstes Kapitel.

Die gallischen Kelten.

Fünfzehntes Kapitel.

Die ältere Ordnung der Landesgemeinde.

Die in der allgemeinen Einleitung S. 1—3 gegebene Skizze der gallischen Verfassung unterscheidet eine ältere, der germanischen ähnliche Ordnung der Freien, und eine jüngere, nur gallische des Adelsregiments. Jene findet ihren Ausdruck in der Landesgemeinde aller Freien, und auf ihr beruht die Gauverfassung (was noch zu untersuchen bleibt) und die Stammverfassung.

Die Gauverfassung.

Hinsichtlich der Gallier ist nur die Stammverfassung des Königtums überliefert. Dagegen kennen die keltischen Britannier auch die Gauverfassung (S. 115) und ihnen ist die gleiche Gestaltung bei den Germanen an die Seite zu stellen. (S. 62, 78.)

Augenscheinlich sind die äussern staatlichen Formen, welche der jüngeren gallischen Ordnung angehören, aus der älteren Gauverfassung entnommen, so dass der Rückschluss aus jenen auf diese gerechtfertigt erscheint. Die Heerversammlung der jüngeren Ordnung ist ein Rudiment der Landesgemeinde (S. 146) und die Stammfürsten der jüngeren Ordnung, Vergobret und Herzog sind dieselben, welche wir auch aus Germanien kennen, der Friedensfürst, der allerdings erst nach Caesar ständig geworden (S. 57), und der Kriegsfürst.

Die ältere Gauverfassung ist die Vorstufe der oligarchischen Staatsordnung und ist „vor Alters" als letztere entstand, verschwunden (Kapitel XXIV, der Stammverband und S. 123).

Die Stammverfassung.

Die hauptsächlichen staatsrechtlichen Formen, die Landesgemeinde und das Königtum, lernen wir aus der Erzählung Caesars über den Staat der *Eburonen* kennen. Diese, ein keltischer Stamm, haben sich in ihren entlegenen Sitzen in den Ardennen einfache Zustände bewahrt. Das gebirgige Land war mit dichtem Wald bedeckt. Von einem Adel ist keine Rede. Es fehlte an festen Städten, die sonst für die Gallier charakteristisch sind. Das Heer bestand aus zerstreuten Haufen und so sind auch ihre politischen Einrichtungen auf die ältere Zeit zurückzuführen, VI 32, 34, 43. Müllenhof deutsche Altertumsgeschichte II 189—206.

Ihre civitas hat eine Landesgemeinde, multitudo, ihr Gebiet aber zerfällt in zwei Hälften, an deren Spitze je ein von jener beschränkter König, rex steht.

Im Jahr 54, erzählt Caesar, machten die Könige der Eburonen Ambiorix (ἡγούμενος, Dio 40, 2) und Katuvolkus den Versuch, das in ihrem Gebiet belegene römische Winterlager zu erstürmen. Sie mussten aber von ihrem Vorhaben abstehen, und Ambiorix stellte sich dann den Römern gegenüber als gezwungen dar. Er charakterisierte dabei seine politische Stellung als König: Er habe nicht nach eignem Entschluss oder Willen gehandelt, sondern sei durch den Stammverband gezwungen. Denn seine Herrschaft sei von der Art, dass die Menge nicht weniger Recht gegen ihn habe, als er selbst gegen die Menge. Ferner: Er hoffe, nachdem die Römer das Lager verlassen, von der Menge alles erreichen zu können, was zu ihrer Rettung diene. Neque judicio aut voluntate sua fecisse, sed coactu civitatis, suaque esse ejusmodi imperia, ut non minus haberet juris in se multitudo, quam ipse in multitudinem. Sperare a multitudine impetrari posse, quod ad militum salutem pertineat. Gall. V 27, 36. Eine Täuschung war es, wenn der Anstifter der Unternehmung sich als gezwungen hinstellte, aber dass er doch verfassungsgemäss von der Zustimmung der Landesgemeinde, der civitas, multitudo abhängig war, entspricht durchaus den Darstellungen des Tacitus und Vellejus über germanische Zustände (S. 81).

Im übrigen gibt *die Geschichte der gallischen Könige* nur ein wenig ergiebiges staatsrechtliches Material. Sie beginnt mit der Kunde von *grossen Reichen,* wahrscheinlich Bünden.

Die Sage knüpft die grossen Wanderzüge der Kelten an den König Ambigatus der *Biturigen.* Er war vorragend an Tapferkeit und Reichtum, und sein Reich erstreckte sich über das mittlere Gallien rex, regnum.

Es folgte die Herrschaft, ἀρχὴ der *Arverner,* die sich von ihrem Gebiet, der Auvergne aus über den Süden Galliens vom Ozean, den Pyrennäen bis zum Rhein, ausdehnten. Ihre Könige waren Luerius und dessen Sohn und Nachfolger Betuitus. Jener wurde durch seinen Reichtum und den Glanz seiner Lebensführung berühmt. Um die Gunst der Plebs zu erwerben, Λουερνὸν δημαγογοῦντα τοὺς ὄχλους, streute er Gold und Silber auf seinen Wegen aus. Dieser und ein König der *Salyer* Tutumotulus erlagen in den Jahren 122 und folgenden den Römern. Strabo IV 2, 3; Posidonius nach Athenaeus 23, 25; Mommsen II 161, 162.

„Noch zu Menschengedenken,“ sagt Caesar, „hatte der König der *Suessionen,* Deviciakus rex, der Mächtigste in Gallien, über einen Teil von Belgien und Britannien die Herrschaft, imperium inne, und sie erhielt sich in der Hand des Königs Galba seines Nachfolgers über die Suessionen selbst. Wegen seiner Gerechtigkeitsliebe und Weisheit wurde er im belgischen Kriege des Jahres 57 zum Oberbefehlshaber des belgischen Heeres gewählt, das sich jedoch bald auflöste. Er musste dem Caesar mit seinen zwei Söhnen Geiseln stellen, Gall. II 4, 13.

Bei den *Sequanern* regierte, wie es scheint zur Zeit des Ariovist, viele Jahre Katamantalödes als König, regnum obtinuerat, I 3.

Zu Caesars Zeit waren die Könige der Biturigen, Arverner und Sequaner bereits verschwunden. Die *Biturigen* standen jetzt in der Klientel der Häduer und im Jahr 52, wo ihr Gebiet lange der Schauplatz der kriegerischen Ereignisse war, ist nie von Königen die Rede; bei den *Sequanern* und *Arvernern* wurden vergebliche Versuche gemacht, das verlorengegangene Königtum wieder zu gewinnen, hier von Celtillus, dem Vater des Vercingetorix, dort von Kastikus, dem Sohne des Katamantalödes, VII 4, I 3.

Bei einer Reihe von Stämmen herrschte bis auf Caesar herab das *Stammkönigtum* in mehreren Generationen desselben Geschlechts, was auf Erblichkeit hindeutet.

Bei den *Karnuten* hatten die Ahnen, majores des Tasgetius, bei den *Senonen* die Ahnen des Moritasgus und dieser selbst, bei einem *aquitanischen Stamm* der Grossvater des Piso, dann der Enkel (auch Vindex, der Statthalter von Gallia Lugdunensis und Empörer gegen Nero vom Jahr 68 nach Chr. gehörte einem aquitanischen Königsgeschlecht an, Dio 63, 22) und bei den *Nitiobrigen* erst Olloviko, dann dessen Sohn Teutomatus das Königtum inne, regnum obtinuerant. Übrigens werden weder der Grossvater des Piso, noch Olloviko als Könige bezeichnet. Piso und Olloviko wurden von dem römischen Senat amici genannt. Piso und Teutomagus waren römische Reitergenerale, Gall. V 25, 54; VII 31.

Von diesen Dynastien hatten die der *Karnuten* und *Senonen* bereits das Ende ihrer Herrschaft erreicht, aber Caesar setzte dort den Tasgetius, hier den Bruder des Moritasgus, den Kavarinus, beide ihm treu ergeben, als Könige ein, in majorum locum restituerat. Der Karnute Tasgetius erhielt sich drei Jahre lang in der Herrschaft, regnans, wurde dann aber im Jahr 54 auf das Betreiben zahlreicher Stammgenossen von seinen Feinden, wahrscheinlich dem Adel, öffentlich getötet, inimici palam multis ex civitate auctoribus interfecerunt. Auch der Senone Kavarinus fiel seiner Romfreundlichkeit zum Opfer. In demselben Jahr beschloss sein Stamm auf das Anstiften des national gesinnten Akko, seines späteren Herzogs, öffentlich, publico consilio, den König zu töten; er floh aber und wurde des Königtums entsetzt und verbannt, regno domoque expulerunt. Caesar nahm den Kavarinus als Führer der senonischen Reiterei mit ins Feld. Die Senonen suchten sich zwar bei Caesar zu rechtfertigen, ihr Senat erschien aber nicht, als er ihn, omnem senatum zur Verantwortung vor sich forderte. Sie hatten also bereits die Adelsverfassung eingeführt, welcher der Senat angehört.

Später mussten die Karnuten und Senonen sich ergeben, Caesar hielt auf einem Landtage Gericht über die Schuldigen und liess insbesondere den Akko mit dem Tode bestrafen. Ob dann das Königtum wieder hergestellt worden, ist nicht zu ersehen, VI 4, 44; VII 1.

Auch durch sein blosses Machtwort schuf Caesar einen König. Den Kommius, einen tapferen und erfahrenen Mann, machte er zum König der *Atrebaten* und später weiter der *Moriner*, regem constituerat. Er hielt ihn für treu, musste aber erleben, dass er zur nationalen Partei überging, IV 21; VII 76.

Der letzte in der Reihe der Stammkönige war der *Arverner* Vercingetorix. Die Mitglieder seines mächtigen Geschlechts standen einander feindlich gegenüber. An der Spitze der Adelspartei stand Gobannitio und die „übrigen Fürsten“, ihr gegenüber dessen Bruder Celtillus, wahrscheinlich der Vergobret der Arverner, der nach dem Königtum trachtete. Er unterlag und wurde von Staats wegen mit dem Tode bestraft. Sein Sohn Vercingetorix nahm den Kampf auf, versammelte seine Klienten und entflammte sie. Man griff beiderseits zu den Waffen, aber Vercingetorix wurde aus der Hauptstadt Gergovia vertrieben. Auf dem Lande hob er, wie Caesar verächtlich sagt, Arme und Strolche aus, rief sie (es ist die Plebs gemeint) zur gemeinsamen Freiheit, communis libertatis causa auf, vertrieb dann mit starken Truppenmassen seine Gegner aus der Stadt und wurde von den Seinen zum König der Arverner ausgerufen. Rex ab suis appellabatur VII 4. Das war der Beginn seiner grossen Laufbahn.

Das gallische Königtum gehört nach seiner Entstehung bereits einer älteren Zeit an. Es beruht auf der Landesgemeinde, welche Adel und Gemeinfreie umfasst, es an ihre Beschlüsse bindet, und dem König für Frieden und Krieg die ungeteilte obrigkeitliche Gewalt beilegt. Die Könige haben die nächsten Verwandten als Geiseln zu bestellen. Gall. II 13; V 27. Die grossen Reiche der älteren Zeit und die festen Dynastien der Generationen vor Caesar lassen auf eine Zeit der Blüte schliessen. Auch während der Erstarkung des Adels hat sich das Königtum in einem Teil von Gallien erhalten und es erscheint als Gegengewicht des Adels. Als später aber die nationale Bewegung den Adel und die Plebs, ganz Gallien ergriff, da geriet es ins Schwanken, bis es, da wo es dem Aufschwung zuwider war, (Karnuten und Senonen) beseitigt, oder durch die Plebs zum Träger des nationalen Gedankens (Vercingetorix) erhoben wurde.

Sechzehntes Kapitel.

Die jüngere Ordnung der Oligarchie.

Ihr Alter.

In einem Teil von Gallien hatte sich die herrschende Stellung des Adels bereits „vor Alters“ durchgesetzt, denn die der Adelsverfassung angehörigen Formen: der repräsentative Senat der kleinasiatischen Kelten bestand schon zu Strabos Zeit *πάλαι*, XII 5, 1, und der gallische Vergobret (der Stammfürst des Friedens) und die Faktionen der plebs waren bereits zu Caesars Zeit antiquitus vorhanden, VII 32; VI 11. Man wird daher die wirtschaftliche und politische Wandlung auf die Zeit von einigen Jahrhunderten vor Christus zurückführen dürfen.

Überblick.

Unsere verfassungsrechtliche Kunde von dieser jüngeren Ordnung beschränkt sich im wesentlichen auf Caesars Zeit, zu welcher die zahlreichsten, grössten und politisch bedeutsamsten Stämme ihr angehören. An Stelle der spärlichen Notizen über das Königtum tritt nun eine Fülle von Nachrichten über den Adelsstaat und wir lernen aus ihnen die sozialen Zustände der Stände, als die Grundlagen der oligarchischen Civitas kennen (Kapitel XVII), sehen, wie daraus die staatlichen Formen erwachsen, die militärischen (Kapitel XVIII) und die politischen (Kapitel XIX—XXI); wie sich an die staatlichen Formen die freien „Faktionen der Plebs“ ergänzend anschliessen (Kapitel XXII) und wie sich die Völkerschaften dauernd zu „Faktionen der Staaten“ (Kapitel XXIII) verbinden.

Siebzehntes Kapitel.

Die Stände.

Caesar entwirft eine allgemeine Schilderung der gallischen Stände zu seiner Zeit, VI 11, 13, der Druiden und Adeligen als der bevorrechtigten Klassen, der gemeinfreien Plebs, der Klienten und Sklaven, von denen er die Plebs fast, die Klienten völlig den rechtlosen Sklaven gleichstellt.

Die Druiden.

Druiden und Adelige sind die einzigen, die etwas bedeuten und in Ansehn stehn. In omni Gallia eorum hominum, qui aliquo numero atque honore, genera sunt duo.

Die Lehre der Druiden soll in Britannien entstanden und von da nach Gallien eingeführt sein, wo das Volk ihr sehr ergeben ist. Mit der Religion und dem Kultus der Germanen hat sie nichts Gemeinsames.

Die Organisation und Lehre der Druiden.

Sie sind zahlreich und einheitlich organisiert. Dem Stammverband gegenüber sind sie frei von Kriegsdienst und Tribut. Jährlich versammeln sie sich zum Zweck der Rechtspflege im Gebiet der Karnuten, als dem Mittelpunkt von ganz Gallien. An ihrer Spitze steht ein lebenslängliches Haupt, der angesehenste von ihnen. Nach seinem Tode wird der Nachfolger durch Akklamation oder bei Rivalität durch die Wahl der Druiden oder gar durch die Gewalt der Waffen bestimmt. So stellt die Korporation die Einheit der in Bünde und Stämme zersplitterten Nation dar. Während Caesar zwar ihre Eigenart schildert, zeigt er doch nicht, wie sie bei den Gallien bewegenden Ereignissen sich verhielten. Nur den Druiden Divitiakus, einen Freund des Cicero, zeichnet er als den Führer der romfreundlichen Partei bei den mächtigen Haeduern, als einen dem Caesar persönlich Ergebenen mit grosser Wärme I 19, 20, 31, 32.

Die Lehre der Druiden umfasst Wissenschaft und Religion, die Gestirne und ihren Lauf, die Grösse der Erde und ihrer Länder, die Macht und die Gewalt der unsterblichen Götter und die Seelenwanderung. Wie die Germanen rechnen sie den Tag vom Abend ab und zählen nach Nächten, nicht nach Tagen. Germ. 11.

Zahlreiche Schüler, uneigennützige und durch die bevorzugte Stellung der Druiden verführte, strömen ihnen zu. Viele wandern nach Britannien, um an der Quelle zu studieren. Einige bleiben zwanzig Jahre lang im Unterricht, bei welchem der Stoff geheim gehalten, nicht niedergeschrieben wird und in einer grossen Menge von Versen auswendig zu lernen ist.

Die Funktionen der Druiden.

Sie versehen den Gottesdienst, besorgen die Opfer, öffentliche (auch Menschenopfer) und private, erklären die Satzungen der Religion, und üben alljährlich im Land der Karnuten die Rechtspflege. Hier finden sich die Parteien, Stammverbände und Private ein, und es werden fast alle Streitigkeiten des Strafrechts und des Privatrechts geschlichtet (insbesondere werden Mord, Nachlasssachen, Grenzstreitigkeiten genannt) und Bussen und Strafen festgesetzt. Die Entscheidungen werden mit Ehrerbietung entgegengenommen. Die Vollstreckung des Urteils wird Stämmen und Privaten gegenüber durch Interdikt erzwungen. Der Gebannte wird einem Nichtswürdigen gleich erachtet, es wird ihm kein Recht und keine Ehrenstelle gewährt und der Verkehr mit ihm ausgeschlossen. Gall. VI 13, 14, 16—18.

Der Adel.

Caesar nennt, wo er von den Berechtigten im Allgemeinen spricht, die Glieder ihrer Klasse equites, Ritter, in der Erzählung dagegen nobiles (auch illustres), aber die Begriffe equites, equitatus und nobiles, nobilitas fallen zusammen. In den Kriegen der Häduer gegen die Sequaner verloren die erstern omnem nobilitatem, omnem senatum, omnem equitatum, was mit den Worten: omni nobilitate Haeduorum interfecta, wiederholt wird. Im Jahr 52 täuschte Litaviccus seine Heeresabteilung durch die Worte: omnis noster (Haeduorum) equitatus, omnis nobilitas interiit. I 31; VI 12; VII 38. Im Jahr 54 versammelten sich auf Caesars Befehl omnis equitatus totius Galliae, 4000 Mann und Fürsten aus allen Staaten zur Überfahrt nach Britannien, nach der Darstellung des Dumnorix, ut Gallia omni nobilitate spoliaretur, V, 5, 6. Die politischen Aufträge endlich, mit denen im Jahr 52 Vercingetorix omnem equitatum von Alesia fortschickte, bezeugen die hervorragende Stellung der equites wie nobiles, VII 71.

Caesar schildert den Adel nach Geschlecht, Familienbeziehungen, Reichtum, kriegerischem Leben, Ansehen und Macht.

Aus dem Adel erhebt sich der *hohe Adel*, aus den illustres treten die illustriores, VII 32; VI 19, die nobilissimi, I 2, 7, 18, 31; VII 67, die summo loco, amplissima, antiquissima familia nati, hervor, die summa nobilitas, V 25; VII 32, 37, 39, 67. Alle in der gallischen Geschichte sich auszeichnenden Männer gehören dem hohen Adel an, mit Ausnahme der Häduer, und zwar des Vergobreten Convictolitavis, der als illustris bezeichnet wird, und des von Caesar ex humili loco ad summam dignitatem erhobenen Viridomarus, VII 32, 39, 67.

Der Helvetier Orgetorix und der Häduer Dumnorix hatten grosse Familienbeziehungen und waren von hervorragendem Reichtum. Jener war der reichste seines Stammes und verfügte über 10000 Sklaven, eine grosse Anzahl von Klienten und abhängigen Schuldnern; dieser erweiterte seinen Einfluss durch Verschwägerungen, hielt Reiterscharen in eigenem Sold und war Führer der staatlichen Reiterei; bei beiden die Grundlage ihrer Macht, potentia, I 4, 18; V 7. Der Häduer Cotus war homo summae potentiae et magnae cognationis, VII 32. Vercingetorix und der Häduer Eporedorix waren Jünglinge summae potentiae, VII 4, 39.

Von den Rittern heisst es: „Kommt es zum Kriege, und das war vor Caesars Ankunft in Gallien fast jährlich der Fall, so ziehn sie alle, wie es der Brauch ist, zu Felde, sei es zum Angriff, sei es zur Verteidigung, und je hervorragender Einer durch sein Geschlecht oder Vermögen ist, genere et copiis amplissimus, um so zahlreicher umgibt er sich mit Dienstmannen und Klienten, ambacti et clientes. Das allein gibt Ansehn und Macht," gratia potentiaque, VI 13, 15. Und ähnlich Polybius II 17.

Die hervorragende Stellung des Adels hat zur Voraussetzung die Lage der Gemeinfreien, der Klienten und Sklaven.

Die gemeinfreie Plebs.

Die Lage der Gemeinfreien, der Plebs, auch vulgus und multitudo, ist eine bedrängte. Schulden und hoher Tribut lasten auf ihnen, und sie sind der Vergewaltigung des mächtigen Adels ausgesetzt, aes alienum, magnitudo tributorum, injuria potentiorum. Sie stehen im Schuldverhältnis zu dem begüterten Adel. Die zahlreichen Schuldner, obaerati des Orgetorix sind schon erwähnt, I 4. Der Tribut ist hoch und wird wohl wie die Zölle versteigert, und die Pächter sind wiederum in dem Adel zu suchen, I 18. Über die Besitzverhältnisse am Grund und Boden sind wir nicht unterrichtet, aber es mögen unter dem Tribut auch Gefälle zu verstehen sein, die an einen Grundherrn zu entrichten sind. Alles Handhaben, um sie der Willkür derer auszusetzen, von denen die Plebs abhängig ist. Die Plebs wird von dem vollberechtigten Adel fast den Sklaven gleich geachtet. Sie unternimmt nichts für sich allein und wird zu keiner Beratung zugezogen. So bezeichnet Caesar im allgemeinen ihre Lage. Plebs paene servorum habetur loco, quae nihil audet per se, nulli adhibetur consilio, VI 13.

Gegen jene Notlage der Plebs gibt es zwei Mittel, ein befreiendes, das von Alters her der Plebs zu Gebote stand, der Anschluss an eine Faktion der Plebs (es gab noch Faktionen der Staaten) und ein zu persönlicher Abhängigkeit führendes, die Ergebung in Hörigkeit, in die Klientel. Beide Mittel sind von Caesar im Allgemeinen in den Kommentarien VI, 11 und 13 charakterisiert, und finden sich in den Einzelerzählungen ergänzt. Die Auslegung jener Stellen ist eine verschiedene.

Die Faktionen der gemeinfreien Plebs.

Es sind Verbände, factiones, deren es, oft rivalisierende, in allen Kreisen gibt und deren Mitglieder über Staaten, Gaue, Gauteile, ja einzelne Familien verbreitet sind. An ihrer Spitze steht ein frei gewählter Anführer, princeps factionis, der, wie sich zeigen wird, häufig durch seinen Anhang, die Plebs, zu einer Macht gesteigert wird. Der Anschluss an eine Faktion, Eintritt und Austritt sind frei. Die Faktion hat einen doppelten, einen sozialen und einen politischen Zweck. Sie schützt einerseits den Genossen in seiner sozialen Lage und sichert ihm die Freiheit. Denn der Anführer leidet nicht, dass er unterdrückt oder beeinträchtigt wird, und verliert seine Stellung, wenn er es doch zulässt. Andererseits führt die Faktion die Genossen zur politischen Partei zusammen, und verschafft dem Anführer sogar eine solche Macht, dass er selbst den geordneten Staatsgewalten gegenüber politisch den grössten Einfluss auf den Stammverband übt. In Gallia non solum in omnibus civitatibus atque in omnibus pagis partibusque, sed paene etiam in singulis domibus factiones sunt, earumque factionum principes sunt, qui summam auctoritatem eorum judicio habere existimantur, quorum ad arbitrium judiciumque summa omnium rerum consiliorumque redeat. Idque ejus rei causa antiquitus institutum videtur, ne quis ex *plebe* contra potentiorem auxilii egeret; suos enim quisque opprimi et circumveniri non patitur, neque aliter si faciat, ullam inter suos habet auctoritatem. Gall. VI 11. Solche principes factionum sind insbesondere bei den Häduern die Brüder Divitiakus und Dumnorix und bei den Arvernern Vercingetorix (Siehe Kapitel XXII).

Die Klienten und Sklaven.

Ist aber der Schutz einer Faktion nicht zu erlangen, zeigt er sich nicht ausreichend, oder wird die Last von Schulden und Abgaben erdrückend, und dies ist nach Caesars Ausdruck bei „nicht Wenigen“ der Fall, so ergeben sie sich in das Hörigkeitsverhältnis zu einem Adeligen, in die Klientel, und es entstehen diesem damit alle die Rechte, wie dem Herrn gegen seine Sklaven. Nam plebes — —. Plerique — — sese in servitutem dicant nobilibus, quibus in hos eadem omnia sunt jura, quae dominis in servos. Gall. VI 13.

Es sind die Hörigen, Klienten ihrer Patrone, clientes, patroni. Es waren die Leute, die Orgetorix und Vercingetorix, als sie sich erhoben, neben Schuldnern, Armen und Elenden aufriefen, clientes obaeratosque suos; convovatis clientibus; dilectum egentium ac perditorum, I 4; VII 4. (Dagegen erscheinen die Klienten des Litaviccus als Gefolgschaft; VII 40). Klienten und Sklaven, servi et clientes werden einander gleichgestellt: die vom Herrn geliebten werden bei dessen Leichenbegängnis mitverbrannt, VI 19; und wohl werden beide gemeint, wenn der Senone Drappes im Kriege gegen die Römer die Sklaven, servi zur Freiheit aufrief, VIII 30.

Hiernach unterscheiden sich beide nur durch ihre Entstehung. Die Ergebung in die Klientel ist eine freiwillige, die nicht widerrufen werden kann; die Sklaverei entsteht durch Geburt oder Gefangenschaft.

Die Faktionen der Staaten.

Verbündete Staaten bilden eine Faktion unter der Führung eines von ihnen. Der Einrichtung der Faktionen der Plebs ähnelt im Ganzen der Zustand der Völkerschaften in ganz Gallien, denn sie sind zu Parteien zusammengeschlossen. Haec eadem ratio (die Einrichtung der plebejischen Faktionen) est in summa totius Galliae, namque omnes *civitates* in partes divisae sunt duas, VI 11. (Siehe unter Kapitel XXIII.)

Faktion und Klientel.

Mommsen spricht nicht von den freien Schutzverbänden der Plebs und in bezug auf die Klientel sagt er: „Schutz fand nur (?) noch der hörige Mann bei seinem Herrn, den Pflicht und Interesse nötigten, die seinen Klienten zugefügte Unbill zu ahnden. Die Freien zu beschirmen hatte der Staat die Gewalt nicht mehr, weshalb diese zahlreich sich als Hörige einem Mächtigen zu eigen gaben.“ Wohl stand die freie Plebs rechtlos ausserhalb des Staats, aber das Glied der plebejen Faktion stand vermöge seiner Angehörigkeit im Schutz des princeps factionis.

Auch Bloch und Fustel de Coulanges gewähren den Armen und Schwachen ein système de la protection; la protection d'un homme puissant et riche, aber Bloch verschiebt das numerische Verhältnis zwischen Plebejern und Klienten, indem er die Worte plerique usw. erklärt: Toujours est il, que la plèbe dans son immense majorité (?) se composait de clients. Nach der Übersetzung von Georges und Mommsen sind plerique „nicht Wenige“, „Zahlreiche“. Fustel unterscheidet von der Klientel die demokratische Partei. „Beide schliessen sich an einen Mächtigen, dort an einen Mann, der mächtiger ist als der Staat selbst, hier an einen Mächtigen, der dem Volk schmeichelt und nach dem Königtum oder einer volkstümlichen Diktatur trachtet.“ Gemeint ist im letzten Fall wohl die freie und eine ihrer Lage nach unabhängige Plebs.

Über die persönlichen Gegensätze innerhalb der Staaten, Gaue usw. redet Mommsen nur bei Gelegenheit der Staatenfaktionen.

Mommsen Röm. Geschichte III 221 — 226; Fustel de Coulanges Histoire des institutions politiques de l'ancienne France I 35—44; Lavisse Histoire de la France, Tome premier par Bloch 63—65.

Achtzehntes Kapitel.

Die militärische Verfassung.

Jeder Stamm hat einen in sich geschlossenen Heerbann, dessen Körper auch bleibt, wenn er im Bunde mit den Kriegern anderer Stämme im Felde steht.

Der Heerbann des Stammes.

Dieser, die copiae civitatis, besteht nach der Berechnung Caesars aus einem Viertel der gesamten Bevölkerung, Gall. VII 36; I 29. An Kriegsruhm überragen die Bellovaker alle Belgier, an Zahl und Tüchtigkeit zu Ross und zu Fuss waren die Treverer und Sontiaten unter den Galliern ausgezeichnet, II 24; V 3, 47; VI 6; III 20; VIII 6.

Der Heerbann umfasst Adel und Plebs, alle Erwachsenen, die multitudo, das πλῆθος (siehe unten) und zerfällt in die Reiterei, das Fussvolk und die gemischte Truppe.

Die Reiterei.

Die Reiterei, equitatus, welche in Schwadronen, turmae geteilt wird, ist von Caesar hauptsächlich hervorgehoben. Sie besteht aus dem gesamten Adel, den equites, samt ihren Mannen, den ambacti und clientes, und ist nicht nur durch den Stand, sondern auch durch die Kriegsübung ausgezeichnet, da man vor Caesars Ankunft fast jährlich Krieg führte, VIII 29, VI 15.

Nach Strabo IV 5, 4 kämpfte man auch zu Wagen, wovon Caesar schweigt.

Das Fussvolk.

Das Fussvolk, peditatus, copiae peditum, copiae pedestres, IV 47; V 3; III 20 besteht aus der gemeinfreien Plebs (und den Klienten?), und ihre Masse überwiegt die adelige Reiterei. Der Ansicht von Mommsen Röm. Gesch. III 227 gegenüber (der für den Stamm die Bezeichnung Gau hat) ist hervorzuheben, dass das Fussvolk in Gaue, Heergaue, *φῦλα* zerfällt. Bei den Helvetiern waren die Gaue der Tiguriner, der Toigener und der Verbigener auch Heergaue, und ebenso waren es „die nächsten Gaue der Arverner“. Pagus Tigurinus; *Τιγυρηνοί καὶ Τωυγενοί; δύο φῦλα τριῶν ὄντων;* pagus Verbigenus; Proximi pagi Arvernorum Gall. I 12, 13; Strabo VII 2, 2; V 3, 3; Gall. I 27; VII 64. Das Fussvolk kämpft in der Offensive als Keil oder Phalanx.

Diese Taktik, der Mischkampf, der Schlachtengesang, die Wagenburg, die Gefolgschaft ist den Kelten mit den Germanen gemeinsam, was im Kapitel IV S. 31—35, 41 bereits, um Zersplitterung zu vermeiden, dargestellt ist.

Die Anführer.

Anführer im Stammheer (und, wie es scheint, zugleich politische Obrigkeiten) sind generell die principes, duces und magistratus. Principes sind vorwiegend die Anführer der Gaue und Schwadronen, letztere auch praefecti equitum. Principes civitatis sind, so bei den oligarchischen Häduern, die oberen Anführer der Reiterei und des Fussvolkes. Principes civitatis über den gesamten Heerbann sind der König oder der Herzog, rex oder dux.

Dass die principes im Heere des Stammes einen Kriegsrat (Fürstenrat) bilden, ist zwar nicht gesagt, aber nach dem Vorgang des Bundesheeres anzunehmen (siehe nachstehend und Kapitel XX, der Fürstenrat).

Die Heerversammlung des Stammes.

Eine solche lernen wir nur bei den Treverern kennen.

Der Herzog der Treverer berief im Jahr 54 eine Heerversammlung, armatum concilium, um den Krieg gegen Rom zu eröffnen. In einer solchen müssen nach allgemeinem Gesetz, lege communi, alle Erwachsenen, omnes puberes erscheinen. Der zuletzt Kommende wird erschlagen. Nach gallischer Sitte, more Gallorum ist sie der Anfang des Krieges. Bei den Treverern stritten damals zwei Fürsten um das politische Übergewicht, den principatus. Es waren Indutiomarus, der romfeindliche Herzog, der im Besitz der Heeresmacht war, und sein Schwiegersohn der romfreundliche Cingetorix. Der Herzog liess diesen durch die Versammlung für einen Feind des Staats erklären und seine Güter einziehen, hostem judicat, bona ejus publicat. Dann legte er seinen Kriegsplan dar, dessen Billigung wohl der Versammlung zustand, und erliess die zur Ausführung erforderlichen Befehle, V 56.

Den Inbegriff der *Erwachsenen* nennt Caesar an andern Stellen die *multitudo*, so das Heer des Vercingetorix bei Avarikum, multitudinis studio, omnis multitudo, VII 20, 21, so die allgemeine Versammlung in Bibrakte, multitudinis suffragiis, VII 63. Nach dem Sprachgebrauch Caesars ist also multitudo das gesamte Heer, Reiterei und Fussvolk, Adel und Plebs (nur bei Hirtius wird im Heere der Bellovaker unter multitudo die Plebs verstanden, VIII 21, 22).

Was bei Caesar multitudo, ist bei Strabo πλῆθος; das πλῆθος wählt nach ihm den στρατηγός; das gesamte Heer, die multitudo, wie Müller und Dübner, die Herausgeber des Strabo übersetzen, wählt den Stammherzog, IV 4, 3.

Aber Bloch S. 72 übersetzt mit „plebs“ und erklärt dann die so aufgefasste Nachricht des Strabo als aller Wahrscheinlichkeit entbehrend und sieht in der Wahl nicht eine regelmässige Einrichtung, sondern einen revolutionären Akt, eine Ansicht, die sich somit erledigt.

Die Kriegsbünde und ihre Zwecke.

In den Kriegen, welche durch Caesars Eroberungspolitik hervorgerufen wurden, kämpften die Kelten der drohenden Abhängigkeit von Rom gegenüber für die von den Vätern überlieferte Freiheit, für Galliens nationale Selbständigkeit, für den alten Kriegsruhm, III 1; VII 1; V 54. In einzelnen Fällen war es ein isolierter Stamm, in den meisten aber eine durch Nachbarschaft in engeren oder weiteren Kreisen zusammengeführte Vereinigung von Stämmen, bis, nachdem alle Versuche gescheitert, die gesamte Nation sich zusammenfand, um, wiederum ohne Erfolg, die schon verlorene nationale Selbständigkeit wieder herzustellen. Da galt es der gemeinsamen Freiheit, dem gemeinsamen Heil, dem gemeinsamen gallischen Geschick, communis libertas, communis salus, communis Galliae fortuna, VII 4, 1.

In allen Fällen beschickten sich die Stämme durch Gesandtschaften, hielten Versammlungen ab, beratschlagten, schlossen einen Bund, stellten den Kriegsplan fest, rüsteten, schlugen, um, wenn alles verloren, sich zu unterwerfen.

In den Jahren 56, 54, 52 schickten die Veneter an ihre Nachbarn, die Stämme aneinander, Vercingetorix in alle Gegenden Gesandte, zum Bunde und zur Kriegführung aufzufordern, III 8; V 53; VII 63. Die Senonen und Nachbarn fassten gemeinsame Beschlüsse, consilia communicare, VI 2. Die Fürsten Galliens berieten in gemeinsamen Versammlungen, nocturna in locis desertis concilia, conciliis silvestribus ac remotis locis, V 53; VII 1. Die Aulerker töteten ihren Senat, der nicht Anstifter des Krieges sein wollte, III 17. Die Belgier stellten in einer gemeinsamen Versammlung, commune concilium, die Kriegskontingente fest, IV 2. Die Veneller und ihre Nachbarn verbanden sich, se conjunxerunt, III 17. Die Treverer schlossen mit dem Eburonenkönig Ambiorix ein Bündnis, sibi societate et foedere adjungunt, VI 2. Vercingetorix vereinigte sich mit einer Reihe von Stämmen, sibi adjungit und erklärte nach dem Verlust von Avarikum, er werde auch die übrigen zu sich herüberziehn, VII 4, 29.

Den Bund sicherte man durch Eid (er war in den Augen der Römer eine Verschwörung) und weiter durch gegenseitig gestellte Geiseln. Alle Belgier verschworen sich gegen das römische Volk, conjurare und stellten sich Geiseln, II 1. Mehrere Stammverbände sannen nach der Niederlage von 52 auf Erneuerung des Krieges und machten Verschwörungen, conjurationes facere, VIII 1. Die Veneller und Stämme der Seeküste schwuren durch ihre Principes, nur auf gemeinsamen Beschluss zu handeln und jedes Schicksal gemeinsam zu tragen, III 8. Die Karnuten, welche den Aufstand des Jahres 52 eröffnen wollten, verlangten, da der Geheimhaltung wegen Geiseln nicht gegeben werden konnten, einen Schwur, dass man sie, wenn sie den Krieg begönnen, nicht im Stich lassen würde. In einer Heerversammlung leisteten vor zusammengestellten Feldzeichen alle den Eid, VII 2. Die Treverer und Söldner stellende rechtsrheinische Germanen leisteten sich gegenseitig den Eid, und jene gaben Geiseln für den Sold, VI 2. Vercingetorix legte den verbündeten Stammverbänden Geiseln auf, VII 4, 64.

Die Organisation des Bundesheeres.

Das Bundesheer setzte sich aus den Heerbannen der einzelnen Stämme zusammen, die ihre taktische Organisation bewahrten. Es blieben also Heerstämme und Heergaue, Stammherzöge und Gauanführer. Solche sind in folgenden Stellen bei Avarikum die principes civitatum, VII 28, im Bund der Veneller (abgesehn von dem Bundesherzog) die reliqui duces, III 18, im Bund der Vokater die duces der spanischen Hilfstruppen, III 23, und nach dem Fall von Alesia die principes et duces, die Caesar sich vorführen liess, VII 89. Besonders geht dies aber aus der geschlossenen Stellung hervor, welche die Heerstämme, Heergaue und Geschlechter im gemeinschaftlichen Lager und in der Schlachtordnung einnahmen.

Im helvetischen Krieg wurden die Ziffern der verbündeten Stämme nach Einwohnern und Waffenfähigen besonders aufgestellt, und in dem Heer der Helvetier selbst traten die Gaue der Tiguriner, Toygener und der Verbigener in ihrer Selbständigkeit hervor, I 29, 12, 27 (S. 135). In dem Bunde der Nervier kämpften an der Sambre diese, sowie die Atrebaten und Virumanduer, jeder Stamm getrennt, III 23. Vor Avarikum (Bourges) war im Lager jedem Stamm von vornherein ein besonderer Platz angewiesen, cuique civitati pars castrorum ab initio obvenerat, VII 28, und man trat auf einem Hügel in Schlachtordnung, nach Stämmen (und diese nach Geschlechtern?) geteilt, generatim distributi in civitates, VII, 19. Vor Gergovia stellte Vercingetorix im Lager die Heerbanne der einzelnen Stammverbände in mässigen Zwischenräumen gesondert auf, mediocribus intervallis separatim singularum civitatium copias conlocaverat, VII 36.

Aber die einzelnen Heerstämme wurden im Bunde zu einem Ganzen zusammengefasst, und die Organe dieses Ganzen, des Bundesheers für die Verwaltung des Krieges, die administratio belli, VII 76, waren der Bundesrat, der Bundesherzog samt seinem Kriegsrat und die Versammlung des Heeres selbst.

Der Bundesrat.

Dieser, bestehend aus Vertretern der beteiligten Stammverbände, fasste in Versammlungen über die für den Bund wichtigen Fragen Beschlüsse, durch welche die Einzelstämme verpflichtet wurden. Die Vertreter waren principes civitatum, principes Galliae, die Versammlungen communia concilia, concilia principum, und zwar nach den Umständen der regelmässige Landtag (siehe Kapitel XX, Die Landtage) z. B. das commune concilium der Belgier vom Jahr 57 und das der keltischen Staaten, Galli concilio principum indicto vom Jahr 52, in welchen die Kontingente der einzelnen Stammverbände für den belgischen Krieg und für den Entsatz von Alesia festgestellt wurden, II 4; VII 75; oder gelegentliche Zusammenkünfte der principes Galliae conciliis silvestribus ac remotis locis in letzterem Jahr, in denen man das gemeinsame Schicksal beklagte und einen Stamm zu gewinnen suchte, der den Krieg begänne. Als die Karnuten sich dazu bereit erklärten, und sich, wie erwähnt, durch Eid ab omnibus qui aderant gesichert hatten, löste sich, heisst es, die Versammlung auf, ab concilio disceditur, VII 1, 2. Und es war ein concilium principum, das den Kriegsplan des bellovakischen Bundes beschloss, wenn es heisst: Constituisse Bellovacos omnium principum consensu (summa plebis cupiditate) etc. VIII 6, 7.

Die Truppenmassen der Bünde.

Von den zum Zweck des Kriegs vereinigten Truppenmassen der einzelnen Bünde seien hier einige Ziffern angeführt: der Bund der Helvetier vom Jahr 58 zählte bei einer Gesamtzahl von 368 000 Menschen ein Viertel mit 92 000 Mann Waffenfähiger, I 29. Im nächsten Jahr stellten die Belgier 236 000 Mann ins Feld, II 4, davon die Bellovaker 60000, die Suessionen und Nervier je 50000, die Germanen genannten Stämme, qui uno nomine Germani appellantur 40000 Mann u. s. w. II 4, 28. Im Jahr 56 beliefen sich Truppen der Nantuaner und von Stämmen der oberen Rhone auf 30 000, die der Aquitanier und Kantabrer auf 50 000 Mann, III 1, 26. Im Jahr 52 war die keltische Besatzung von Avarikum 40 000 Mann stark und Caesar verlangte seinerseits von den Häduern 10 000 Mann und ihre ganze Reiterei, VII 28, 34.

Von der gesamten gallischen Reiterei führte Caesar im Jahr 54 4000 Reiter nach Britannien, V 5. Vercingetorix bot im Jahr 52, als der Aufstand ein allgemeiner geworden war, die gesamte Reiterei auf, sie betrug 15 000 Reiter. Als er ihren Anführern schilderte, die Zeit des Sieges sei gekommen, erhob sich ein solcher Sturm der Begeisterung, dass sie riefen, man müsse einen heiligen Eid schwören, dass keiner unter Dach kommen, Kinder, Eltern und Weib wiedersehen sollte, der nicht zweimal durch das feindliche Heer geritten sei. Und alle schwuren den Eid, VII 64, 66. Als sie trotzdem von der römischen und germanischen Reiterei Caesars geschlagen wurden und die römische Umwallung Alesias sich der Vollendung näherte, schickte Vercingetorix sie nach Hause mit dem Befehl, alle Waffenfähigen zum Kriege zu zwingen, VII 64, 66, 67, 71. Aber die gallischen Fürsten beschlossen, einem jeden Stamm nur ein bestimmtes Kontingent aufzuerlegen, um Zucht und Ordnung aufrecht erhalten und für die Verpflegung sorgen zu können, und so belief sich das Entsatzheer für Alesia auf 250 000 Mann Fussvolk und 8000 Reiter, während die Besatzung 80 000 betrug, VII 71, 76, 77.

Der Bundesherzog.

Den Oberbefehl über diese Bundestruppen summa imperii, omnis belli summa, wurde dem Bundesherzog, dux übertragen, der wohl in allen Fällen der dux vom Heerbann eines Einzelstammes war. Jener wurde nach Strabo von dem πλῆθος, der Heerversammlung gewählt (S. 136).

Als Herzöge wurden in folgenden Bünden (die ich nach dem führenden Stamm bezeichne) gewählt: Bei den Nerviern Boduognatus (summa imperii), II 16, 23. Bei den Venellern Viridovix (summa imperii), zugleich princeps civitatis der Veneller selbst, his praeerat, III 17. Bei den Parisiern der greise Aulerker Camulogenus wegen seiner grossen Kriegserfahrung (summa imperii, dux VII 57, 59). Bei den Bellovakern Korreus und der Atrebatenkönig Kommius (duces IV 21; VIII 6, 7, 36). Bei der Wahl zweier Bundesherzöge fand ein Wettbewerb statt. Im belgischen Bunde des Jahres 57 nahmen die kriegsstärksten Bellovaker belli imperium für sich in Anspruch, aber totius belli summa wurde dem Suessionenkönig Galba wegen seiner Gerechtigkeit und Klugheit einstimmig, omnium voluntate übertragen, II 4. Die zweite Wahl betraf Vercingetorix. Im Jahr 52 von den Arvernern zum König ausgerufen, verband er sich zunächst mit einer Reihe westlicher Keltenstämme, die ihm einstimmig das imperium übertrugen, welches er mit äusserster Umsicht und Strenge führte, VII 4. Auch das Königtum über Gallien, regnum

Galliae stellte ihm die Gunst des Heeres in Aussicht. Während der Belagerung von Avarikum jedoch des Verrats bezichtigt, erklärte er sich bereit, den Oberbefehl zurückzugeben, begeisterte aber dann das Heer so, dass es ihn für den grössten Feldherrn erklärte: summum esse ducem. Nach dem Fall der Stadt heisst es: Wie das Ansehn anderer Feldherrn, imperatorum auctoritas, im Unglück schwindet, so nahm im Gegenteil das seine, dignitas von Tag zu Tag zu, VII 20, 21; 30. Als dann durch den Abfall der Häduer von Rom der Aufstand ein allgemeiner geworden war, baten diese den Vercingetorix, zu ihnen zu kommen und sich über die Art der Kriegsführung mit ihnen zu verständigen. Dies geschah; als sie aber auf Grund ihres langjährigen Principats über Gallien, den Oberbefehl, summa imperii für sich verlangten und deshalb ein Streit entstand, wurde zur Wahl des Bundesfeldherrn der Landtag von ganz Gallien, totius Galliae concilium nach Bibrakte berufen. Er wurde von allen Seiten stark besucht, und zwar nicht nur von den Berufenen, den Fürsten der Einzelstaaten, von denen nur die Remer, Lingonen und Treverer fehlten (siehe Kapitel XX, die Landtage), sondern daneben auch von Reiterei und Fussvolk, Adel und Plebs, der multitudo — von einer Heerversammlung (S. 136). Ihr wurde bei dem Gewicht der Frage für das gesamte Heer die Abstimmung überlassen multitudinis suffragiis res permittitur, und Vercingetorix von allen zum Bundesfeldherrn, imperator ernannt, VII 63.

Der Oberbefehl, summa imperii über das grosse Entsatzheer von Alesia wurde, nachdem es versammelt dem Eporedorix und Viridomarus (den Kandidaten der Häduer bei der Wahl von Bibrakte), dem König Kommius und dem Verkassivelaunus, einem Geschwisterkind des Vercingetorix als duces übertragen, VII 76, 83. Nach der Einnahme von Alesia liess Caesar die keltischen Fürsten sich vorführen. Es waren Vercingetorix und die übrigen duces der Stämme. Jubet principes produci; duces producuntur, Vercingetorix deditur, VII 89.

Auch Fremde wurden zu Befehlshabern eines Bundes oder

seiner Einzelstämme ernannt. Der Bund der Vokater berief Hilfstruppen und Anführer, duces aus Spanien. Römisch geschult, verstanden sie es, Stellungen zu wählen, Lager zu befestigen, Zufuhren abzuschneiden, III 23.

Der Kriegsrat.

Neben dem Bundesherzog stand der Kriegsrat. Als der Bundesherzog der Veneller Viridovix mit den übrigen Stammherzögen in militärischer Beratung stand, entliess das Volk sie nicht eher aus der Versammlung, bis sie zugestanden, dass man die Waffen ergreife und gegen das römische Lager aufbräche. Viridovicum reliquosque duces ex concilio dimittunt, III 18. Vercingetorix liess die Fürsten der Stämme, die er sich zum Beirat auserwählt hatte, principes earum civitatium, quos sibi ad consilium capiendum delegerat, vor Gergovia jeden Morgen sich versammeln, sei es, dass etwas mitzuteilen, sei es, dass etwas anzuordnen war, VII 36, und ebenso wurde den vier Bundesherzögen des Entsatzheeres vor Alesia ein Kriegsrat, bestehend aus Vertretern der Einzelstammverbände, an die Seite gesetzt, his delecti ex civitatibus attribuuntur, nach deren Beirat der Krieg zu führen sei, VII 76. Dieser war es, der unter Zuziehung von Ortskundigen über den Angriff auf Caesars Lager beratschlagte, consulunt, Beschluss fasste und die Ausführung einer Abteilung von 60000 Mann, gewählt aus den Heeren der tapfersten Stämme, unter der Anführung des Verkassivelaunus übertrug, VII 83. Ausserdem hatte Vercingetorix schon nach dem Tage von Bibrakte, als die aufgebotene gallische Reiterei versammelt war, deren Anführer zusammenberufen, convocatis ad concilium praefectis equitum, ihnen seinen Kriegsplan vorgelegt, und ihre begeisterte Zustimmung erhalten, conclamant equites probata re, VII 66, 67.

Die Heerversammlung des Bundes.

Während Bundesrat und Kriegsrat für die politischen und militärischen Angelegenheiten der Bünde und ihrer Heere regelmässig in Funktion traten, wurde die Heerversammlung in wichtigen Momenten des Kriegs, bei der eben behandelten Wahl des Bundesfeldherrn und bei eintretenden Schicksalsschlägen, in denen es sich um Sein oder Nichtsein des Heeres und seiner Stammverbände handelte, zur Entscheidung zusammengerufen.

Der Heerversammlung des Stammverbandes der Treverer, welche den Krieg gegen Rom eröffnete, ist schon gedacht (S. 136). In dem Bunde der Belgier vom Jahr 57 und in dem der Bellovaker vom Jahr 51 trat das Heer zusammen, ehe es sich auflöste. Die Belgier versammelten sich, als ihre Lage aussichtslos geworden, beschlossen, nach Hause zu gehn und führten dies tumultuarisch aus. Concilio convocato constituerunt, II 10, 11 Die Bellovaker und Bundesgenossen beriefen nach schweren Verlusten von Reiterei und Fussvolk und nach dem Fall ihres Bundesherzog Korreus durch Hörnerruf eine Heerversammlung und beschlossen die Unterwerfung. Concilio convocato. Conclamant. Omnibus probato concilio, VIII 20, 21. Vor Allen pflegte Vercingetorix, als die Verhältnisse des grossen Kriegs vom Jahr 52 sich schwierig gestalteten, den Heerversammlungen die Entscheidung vorzulegen. Als Caesar sich Avarikum, der Stadt der Biturigen (Bourges), näherte, proklamierte Jener den kleinen Krieg und setzte die Zerstörung der Städte, Dörfer und Einzelhöfe durch, mit Ausnahme von Avarikum selbst, für dessen Schonung die Bewohner flehten. Suos ad concilium convocat. Omnium consensu hac sententia probata. In communi concilio etc. Procumbunt omnibus Gallis, VII 14, 15. Während der Belagerung der Stadt folgte wieder eine Heerversammlung, in der sich Vercingetorix gegen die schon erwähnte Anschuldigung des Verrats verteidigte (S. 142). Da liess die ganze Menge Zuruf ertönen und schlug mit den Waffen zusammen, um ihrer Sitte gemäss die Zustimmung zu bekunden. Zugleich beschloss sie, weitere 10000 Mann in die Veste zu werfen. Conclamat omnis multitudo. Statuunt etc., VII 20, 21. Aber die Verteidigung blieb erfolglos, und die Belagerten beschlossen auf den Rat und

Befehl des Vercingetorix, aus der Stadt zu fliehen, mussten aber den Plan aufgeben. Galli consilium ceperunt. Galli consilio destiterunt, VII 26. Als dann die Stadt genommen war, berief der Imperator eine Versammlung im Lager vor der Stadt, tröstete und ermahnte zum Ausharren. Concilio convocato. Oratio non ingrata Gallis, VII 29, 30. Im weiteren Verlauf des Kriegs hielt die in Alesia eingeschlossene Besatzung von 80000 Mann eine Versammlung ab, um über ihre Lage zu beschliessen. Von Vercingetorix ist dabei keine Rede. Verschiedene Anträge wurden laut: Ausharren (bis zum Eintreffen des Entsatzheeres unter Schlachten der Greise zum Verzehren), Ausfall und Übergabe, und man beschloss vorab, die Kriegsuntüchtigen auszuweisen. Ji, qui Alesiae obsidebantur, concilio coacto de exitu suarum fortunarum consultabant. Sententiis dictis constituunt etc. VII 77, 78. Schliesslich, als Alesia gefallen, berief Vercingetorix eine Versammlung — sei es des Bundesrats, sei es des Heeres — setzte auseinander, dass er diesen Krieg der allgemeinen Freiheit halber geführt, und bot, da man dem Schicksal weichen müsse, den Römern zur Genugtuung sein Leben oder seine Auslieferung an. Man zog das letztere vor. Concilio convocato, VII 89.

Nach den Nachrichten über die Stammheere (S. 136) und die Bundesheere ergiebt sich die Zuständigkeit der Heerversammlungen. Sie beginnt mit dem Zusammentritt des Volks in Waffen. Armatum concilium, initium belli, V 56. Das Heer wählt den Feldherrn, genehmigt wohl seinen Kriegsplan, entscheidet über dessen Durchführung und die Beendigung des Kriegs. Innerhalb des Heeres und seiner Versammlung übt die Plebs vermöge ihrer Zahl neben oder auch über dem Adel Einfluss und Übergewicht, wie aus vielfachen Beispielen der nationalen Kämpfe zu entnehmen. Man darf die gallische Heerversammlung mit der Landesgemeinde der Germanen in Parallele stellen. Sie ist als Heer während der Zeit des Kriegs und für dessen Zwecke souverän wie diese. Die Heerversammlung ist ein Rudiment der Landesgemeinde.

Neunzehntes Kapitel.

Die Stämme und ihr Gebiet.

Gallien.

Gesamtgallien, Frankreich von den Pyrenäen bis zu den westlichen Abhängen der Alpen und dem Rhein, zerfiel bei Caesars Ankunft in die römische Provinz, Gallia Narbonensis und das freie Gallien, geschieden durch eine Grenze, die sich vom linken Rheinufer und dem Genfer See in südwestlicher Richtung bis Toulouse erstreckte.

Das freie Gallien, Gallia omnis, I 1, Galliae IV 20 bestand aus Aquitania zwischen den Pyrenäen und der Garonne, aus Celtica, dem mittleren Gallien zwischen Garonne und Seine, dem Ozean und den Alpen, Helvetien eingeschlossen, und aus Belgium zwischen der Seine, Marne und dem Rhein.

Gesamtgallien war von Stämmen bevölkert, deren Zahl von verschiedenen Schriftstellern auf 140 bis 400 angegeben wird, während Caesar selbst etwa 90 benennt.

Jeder Stamm zeigt sich als ein persönlicher, räumlicher und politischer Verband, als ein persönlicher in seinen Einwohnern, insbesondere seinen Waffenfähigen, als ein räumlicher in seinem Gebiet, als ein politischer in seinem Gemeinwesen, und gleicher Art sind die Abteilungen des Stammes, die Gaue (die Gaugenossen, der Heergau, der Landgau, der politische Gau); ähnlicher Art sind Städte, Dörfer und Einzelhöfe sowie

Bauland in seinen Genossen oder Ansiedelungen. In omnibus civitatibus atque in omnibus pagis partibusque, VI 11.

Die Helvetier.

Am anschaulichsten kommen diese Beziehungen bei den Helvetiern zum Jahr 58 vor Chr. zur Darstellung, dem einzigen Stamm, von welchem eine, wenn auch schematische Statistik vorliegt, der sich vereinzelte Notizen über andere Völkerschaften anschliessen.

Die Helvitii bildeten ethnographisch einen populus von 263 000 Menschen, von denen nach Caesars Berechnung ein Viertel mit 66 000 Waffenfähige waren. Ihr Gebiet zwischen dem Rhein, dem Jura und der Rhone samt dem Genfer See waren die fines Helvetiorum, der ager Helvetiorum, ihr staatlicher Verband die civitas, deren Hauptstadt, gentis caput Aventicum (Avenche) war. Das Gebiet hatte eine Länge von 240 000 passus und eine Breite von 180 000 passus oder 95 200 □ km. Gall. I 2—6, 12, 29; Hist. I 68.

Der Gaue waren vier, jeder also mit einer Einwohnerschaft von 66 000 Menschen, worunter 16 500 Waffenfähige waren, und von einem Gebietsumfang von 23 800 □ km. Caesar nennt den pagus Tigurinus und den pagus Verbigenus. Ein Teil des letzteren umfasste 6000 Menschen, als er aus dem Lager der Helvetier abzog. Nach Strabo gab es nur drei Gaue, φῦλα und der dritte war nach ihm der der Toygener Τωυγένοι. Sie alle waren politisch autonom (siehe unter Kapitel XX). Gall. I 12, 13, 27; Strabo IV 1, 8; 3, 3; VII 2, 2.

Auch in Inschriften des ersten oder zweiten Jahrhunderts n. Chr. wird des Gemeinwesens der Helvetier und der Gaueinteilung gedacht. Die civitas Helvetiorum dekretierte dem Camillus von Staats wie von Gau wegen, qua pagatim qua publice Statuen, und des pagus Tigurinus wird neuerdings gedacht. Inscipt. helvet. No. 192, 159.

Sehr viel geringer sind die Ziffern von Land und Leuten

nach den Darlegungen von Beloch und Delbrück, aber die Angaben Caesars bleiben von Interesse, weil mit auf diesen Maassen seine Vorstellungen vom ungefähren Umfang der Gaue, ihrer Bevölkerung und ihrer Waffenfähigen beruhn. Delbrück Geschichte der Kriegskunst I 426, 459.

Das Gebiet Helvetiens umfasste 12 Städte, 400 Dörfer, Einzelhöfe und Bauland, oppida, vici, privata aedificia, agri I 5, 2. Bei ihrem Auszug zerstörten die Helvetier und ihre Bundesgenossen, die Tulinger und Latoviker ihre Gebäude, wurden aber nach ihrer Rückkehr gezwungen, die oppida und vici wieder herzustellen, I 5, 28.

Andere Stämme.

Der Stamm heisst z. B. Haedui, Remi oder natio, z. B. III 3, 10, 11, seltener populus, V 3; VII 32; das Stammgebiet fines oder ager, z. B. fines Sequanorum, ager Sequanus, I 11, 31; der staatliche Verband des Stammes civitas (sehr häufig).

Von den am belgischen Krieg des Jahres 57 beteiligten elf Stämmen oder Stammbünden wurden je 60 000 Krieger bis herab auf 10 000, im ganzen 346 000 Mann gestellt, vielleicht 60 Prozent der Waffenfähigen, wie die Bellovaker, welche von 100 000 Waffenfähigen 60 000 stellten. Gall. II 4. Im Jahre 52 wurde, nachdem die erschöpfenden Kriege gegen die Römer bereits sechs Jahre gedauert hatten und noch zahlreiche Truppen im Felde standen, zum Entsatz von Alesia den 29 Stämmen und Stammbünden die Stellung von je 35 000 Mann bis herab zu 2000, insgesamt von 276 000 Bewaffneten auferlegt. Hier ist also nach ihrer Zahl die Bevölkerungsziffer nicht zu berechnen. Gall. VII 75.

Einwohner- oder Landgaue sind die pagi Morinorum, IV 22, die Vertacomacori, Vocontiorum hodie pagus, Plinius III 17, Haeduorum pagi, Hist. II 61; Insubres pagus Haeduorum, Livius V 34; letzterer Gau nach Müllenhof sagenhaft. Heergaue sind proximi pagi Arvernorum, Gall. VII 64.

Wie in Helvetien werden die Ansiedlungen regelmässig als oppida, vici, aedificia, agri bezeichnet. Sie sind als Gegenstände der Kultur im Kriege Objekte der Zerstörung. (In Germanien, wo es insgemein keine oppida gab, waren es vici aedificiaque.) Die Stadtbewohner sind oppidani II 33; VII 12. Der Stamm hat eine Mehrzahl von Städten, oppida (insbesondere ummauerte Städte) oder urbes, unter denen eine die Hauptstadt ist. Die Suessionen haben z. B. wie die Helvetier 12 oppida, Gall. II 4; die Biturigier mehr als 20 urbes unter denen ihre Hauptstadt Avarikum (Bourges), ihr grösstes und festestes oppidum mit Forum und freien Plätzen, Schutz und Zierde des Stammes, fast die schönste Stadt, urbs von Gallien, VII 13, 15, 28. Auch Gergovia bei Clermond-Ferrand, die Hauptstadt der Arverner wird urbs wie oppidum genannt, VII 36, 47. Bei den Remern wird ihrer oppida und insbesondere ihres oppidum Bibrax gedacht II 3, 6, 7. Das oppidum der Kadurken Uxellodunum stand unter dem Befehl des Lucterius, quod in clientela fuerit ejus, VIII 32.

Ausser den Helvetiern beschlossen auch die Gallier während der Erhebung des Jahres 52 die Zerstörung aller eignen oppida, vici atque aedificia und führten sie, abgesehn von Avarikum aus, VII 14, 15.

Den Remern wurden vici aedificiaque in Brand gesetzt, die agri verwüstet II 7. Dieselben Formeln: vici aedificia finden sich I 11; III 6, 43; vici aedificia, agri II 5; IV 4. Ein vicus im Lande der Veraguer wird Octodurus genannt, III 1. Die aedificia legt man am Wald oder Fluss an, VI 30.

Von den besprochenen Verfassungsformen stimmen die der civitas, des pagus und des vicus in ihren Grundzügen mit der vierten, dritten und ersten Stufe der germanischen Formen überein, und jene sollen in den nächsten Kapiteln dargelegt werden.

Verwandte Stämme.

Nicht nur der einzelne Stamm wurde durch das Bewusstsein blutsverwandter Zusammengehörigkeit in sich gefestigt, sondern auch mehrere Stämme lassen einen früheren, dann gelockerten Zusammenhang erkennen. Bei der natürlichen Vermehrung der Bevölkerung wuchsen sich wohl die Gaue eines Stammes, jeder zu einem Stamm aus, der dann eine Civitas für sich bildete. Oder eintretende Übervölkerung und damit verbundener Mangel an Boden, der Trieb zum Wandern, innere Streitigkeiten führten zur Ablösung einzelner Massen oder Gaue, zur Auswanderung und selbständigen Ansiedlung im Stammverband. In jedem Fall war die neue Civitas selbständig und hatte demgemäss ihre eigne Geschichte.

In Gallien deuten bei einer Reihe von Stämmen Doppelnamen auf frühere Zusammengehörigkeit hin. Der eine Name ist gemeinschaftlich, der andere unterscheidend. Die *Aulerker* zwischen Seine und Loire mochten ursprünglich einen Stamm von drei oder vier Gauen bilden, die an Volksmenge wachsend, sich in ebensoviel selbständige Stämme umwandelten. Hier sassen zu Caesars Zeit nebeneinander, also wohl in ihrem Heimatland, die Aulerci Diablintes, Aulerci Eburovices und die Aulerci Cenomani, jede eine Civitas bildend und selbständig an den geschichtlichen Ereignissen teilnehmend. Die Diablintes waren Kriegsgenossen der Veneter, die Eburovices Genossen der Veneller, die Eburovices und Cenomani kämpften mit in dem grossen Krieg des Jahres 52. Aus einem vierten Gau mochten die Aulerci Brannovices hervorgegangen sein, die aus der Heimat auswandernd zwischen der Loire und Saone in Brionnais, wohl an der Seite der Häduer Sitze fanden und als deren Bundesgenossen im Jahr 52 im Felde standen, III 9, 17; VII 75. Ähnlich zerfielen zwischen Loire und Garonne, wohl durch Auswanderung getrennt die *Bituriges* Cubi und Bituriges Vivisci, von denen die ersteren in den Kämpfen zwischen Vercingetorix und Caesar eine grosse Rolle spielten, während von letzteren keine Rede ist, VII 11 u. flgde. Endlich sassen in der römischen Provinz in Nachbarschaft zwischen Garonne und Rhone die *Volcae* Tectosages und die Volcae Arecomici, VII 4, 64 (S. 106).

Andererseits ist die Verwandtschaft von Stämmen ausdrücklich bekundet, und sie prägt sich in gemeinsamen Institutionen aus. Die benachbarten *Senonen* und *Parisier* bildeten noch in der Generation vor Caesar eine Civitas, civitatem conjunxerunt, VI 3. Die benachbarten *Suessionen* und *Remer* waren Freunde und Blutsverwandte, lebten nach demselben Recht und hatten Einen Herzog und Einen Magistrat, bis das Verhältnis zu Rom im Jahr 57 zu ihrer Trennung führte; fratres consanguineosque, qui eodem jure et legibus utantur, unum imperium unumque magistratum habeant. Wie ist aber damit zu vereinigen, dass, wie gleichzeitig berichtet wird, die Remer in Oligarchie und die Suessionen im Königtum des Galba leben? II 3, 4. Siehe Kapitel XXII, die Stammfürsten. *Häduer* und *Ambarrer* (vielleicht ein früherer Gau jener) waren einander blutsverwandt und diese standen in der Klientel der Häduer, necessarii et consanguinei, I 11. (Hier sei auch in entgegengesetztem Sinn der durch Caesar geschaffenen Zugehörigkeit der *Bojer zu den Häduern* gedacht. Er teilte sie nach dem helvetischen Krieg von 58 den Häduern zu; sie wurden von diesen gegen Tribut mit Land ausgestattet und nach dem Kriege von 52 wegen ihrer Romtreue von der Zinspflicht befreit und zu gleichem Recht und gleicher Freiheit aufgenommen, I 28; VII 9, 10; Mommsen III 599).

Zwanzigstes Kapitel.

Die politische Verfassung.

Die Gemeinde.

Die urzeitliche Benennung der Indogermanen ist nach Schrader Sprachvergleichung und Urgeschichte S. 578 vic, οἶκος, vicus, die Sippe als Niederlassung, zunächst auf gemeinsamen Weideplätzen, dann auf gemeinsamem Ackerboden; sie ist das Geschlechtsdorf.

Vicus und aedificia sind das Dorf und Einzelhöfe mit der zu ihrem Bedarf erforderlichen natürlichen Umgebung von Feld ager, Wald usw. Die Helvetier haben 400 vici. Auf jedes fallen 240 □ km und 660 Einwohner. Von der Verfassung des Dorfs ist nichts bekannt.

Die Hundertschaft.

Von ihr ist keine Spur übermittelt. Bei den kleinasiatischen Kelten stand die Gerichtsbarkeit in der Regel dem Tetrarchen und Richter zu. Sollte sie in Gallien an eine Hundertschaft gebunden gewesen sein (wie in Germanien), so könnte sie von dieser an die Druiden übergegangen sein.

Der Gau.

Der Gau ist Einwohnergau, Heergau, Landgau, pagus und φυλή.

Seine Obrigkeit ist der princeps, primus, πρῶτος, magistratus.

Der Ausdruck princeps hat eine allgemeine Bedeutung (z. B. von Urheber, Erster, Haupt VI 4, 44; I 12; VII 37), wie eine politische. Schliesst man von der politischen Art den princeps factionis aus, so bleibt der staatliche princeps (z. B. VII 4), denen der primus (bei den Galatern πρῶτος ἀνήρ, Polybios XXII 21, 22 und bei den germanischen Cheruskern und Markomannen πρῶτος, Dio 56, 19; 72, 2) gleichgestellt ist, Gall. II 3. Magistratus z. B. I 4.

Jeder Gaufürst ist, wie es scheint, militärischer wie politischer Art, wie der Tetrarch bei den Galatern, wo erst die ihm untergebenen Richter und militärischen Führer geschieden waren.

Als Gaufürsten sind nur wenige zu erkennen. So die zahlreichen principes Haeduorum usw., welche Caesar im Jahr 58 im Lager hatte, der Häduer Surus, ein Mann von Tapferkeit und höchstem Adel, der mit andern principes Treverorum im Jahr 51 gefangen wurde, I 16; VIII 45. Ein Gaufürst war in demselben Jahr der Kadurke Lucterius, das Haupt des oppidum Uxellodunum, quod in clientela fuerat ejus (die Stadt etwa, welche in seinem Gau lag), VIII 32. Auch der magistratus, der über die Verbreitung von Neuigkeiten zu befinden hatte, wird als der lokale Gaufürst anzusehn sein, IV 5; VI 20.

Der Gaufürst gehört dem Adel an; ob er als Vertreter seines Geschlechts etwa lebenslänglich, oder etwa vom Senat gewählt, auf kürzere Zeit an der Spitze des Gaus steht, ist nicht zu ersehn.

Die Autonomie des Gaus.

Der Gau ist militärisch und politisch autonom. Im Jahr 108 schlossen sich die Tiguriner und Toygener, Gaue der Helvetier, dem Zuge der Kimbern an, im nächsten Jahr schlugen die erstern unter der Führung des Diviko die Römer unter Cassius und schickten dessen Heer unter das Joch. Ein dritter helvetischer Gau der Verbigener suchte sich im Jahr 58 der Unterwerfung des Stammes unter Caesar durch Abmarsch zum Rhein zu entziehn. Strabo IV 1, 8; 3, 3; VII 2, 2; Gall. I 12, 13, 27. Im Jahr 45 unterwarf sich ein grosser Teil der Moriner dem Caesar, während andere ihrer Gaue von ihm bezwungen werden mussten. Gall. IV 22, 37. Im Jahr 52 schickte Vercingetorix die benachbarten Heergaue der Arverner in das Land der Helvier, VII 64, und im nächstfolgenden Jahr fiel ein Teil der Piktonen, pars quaedam civitatis, von den Römern ab, VIII 26. Alle diese Stämme sind ohne Könige und es muss dahingestellt bleiben, ob oder wie weit auch bei königlichen Stämmen Autonomie geherrscht habe.

Der Stammverband.

Dem Kriegsrat und der Heerversammlung der militärischen Verfassung (Kap. XVIII S. 143) entspricht der Fürstenrat, principes, und der Senat, senatus, der oligarchischen. In den Händen beider Körperschaften liegen die politischen Interessen des Adelsregimentes. Ihre sich ergänzende Tätigkeit ist in der Formel „principes ac senatus“ ausgeprägt, VII 11.

Der Fürstenrat.

Er besteht aus der Gesamtheit der Gaufürsten, sind es doch bei den kleinasiatischen Kelten die Tetrarchen (S. 109). Dem Fürstenrat (immer principes in der Mehrheit) liegt im allgemeinen die Sorge für den Stammverband, die Verwaltung der Staatsgeschäfte ob. Bei den Treverern heisst es: Civitati consulere, civitatem in officio continere, bei den Häduern: Haeduis consulere, V 3; VII 38. Als der Streit über die Wahl des Vergobreten den Staat der Häduer zu erschüttern drohte, baten die princepes den Caesar, dass er civitati subveniat, VII 32.

Die princepes üben Einfluss auf die politische Haltung des Staats und haben die Initiative für seine politischen Unternehmungen. Sie erklären sich z. B. gegen einen Aufstand, so bei den Treverern die principes der Partei des Cingetorix, bei den Arvernern Gobannitio und reliqui principes, V 3; VII 4, oder führen die Erhebung herbei, so bei den Bellovakern: complures principes belli auctores; kein Krieg, sagte Caesar, sei gegen ihren Willen zu führen, invitis principibus usw. VIII 7, 22. Die principes der Allobrogen wurden von Vercingetorix bestochen, VII 64. Aus alledem ergibt sich wohl, dass sie auch zur Vorbereitung und Ausführung der Beschlüsse des Senats verpflichtet sind.

Den principes liegt ob, für die Treue und die Verpflichtungen des Stammverbandes durch Eid und Geiselstellung zu bürgen, und sie werden für die nicht erfüllten Verbindlichkeiten zur Verantwortung gezogen. Die Häduer mussten etwa im Jahr 61 den Sequanern und dem Ariovist die nobilissimi als Geiseln übergeben und den Stammverband eidlich verpflichten, den geschlossenen Frieden zu halten, wobei Divitiakus sich rühmte, als einziger den Eid und die Kinder geweigert zu haben, I 31. Die häduischen principes und ihr Vergobret Liscus wurden von Caesar wegen staatlicher Kornlieferungen verantwortlich gemacht, I 16. Als Geiseln empfing er von den Remern Kinder von principes, von den Suessionen primi und zwei Söhne ihres Königs Galba, von den Treverern die Söhne und die ganze Verwandtschaft des Parteiführers Indutiomarus, und er gab dem König der Eburonen Ambiorix Sohn und Neffen zurück, welche dieser den Aduatukern als Geiseln hatte geben müssen. II 3, 4, 5, 13; V 4, 27.

Im übrigen ist von dem Stande der Geiseln nicht die Rede, und ihre Zahl lässt es als nicht wahrscheinlich erscheinen, dass man sich auf die Familien der principes beschränkt habe. Die Helvetier und Sequaner stellten sich gegenseitig Geiseln für den Durchzug jener durch das Land der letzteren vom Jahr 58, I 9, 19. Ebenso die belgischen Stämme zur Bekräftigung ihres Kriegsbündnisses vom Jahr 57, II 1. Von den unterworfenen Stämmen liess Caesar sich immer Geiseln geben, von den Häduern eine starke Anzahl, VII 90, von den Senonen hundert, VI 4, von den Treverern zweihundert, V 4, von den Bellovakern wegen ihrer Volksmenge und ihres grossen Ansehens bei den Belgiern sechshundert und von den Senonen ebensoviel, II 15; VII 11. Caesar hatte die gallischen Geiseln den Häduern zur Aufbewahrung gegeben; als diese aber während der Erhebung im Jahr 52 von ihm abfielen, schickten sie die Geiseln zu Vercingetorix, und nun wurden die Stämme, welche unschlüssig waren, ob sie dem Krieg gegen die Römer beitreten sollten, mit der Hinrichtung ihrer zu dem entgegengesetzten Zweck gegebenen Geiseln bedroht, VI 4; VII 55, 63.

Aus den im Fürstenrat vereinigten Fürsten treten auch einzelne besonders hervor. Principes sind es, die ihren Staat als Gesandte oder als Repräsentanten auf den Landtagen (siehe unten) oder bei den Bünden einzelner oder aller gallischen Stämme vertreten.

Als Gesandte schickten an Caesar die Helvetier während ihres Zuges vom Jahr 58 nobilissimos civitatis unter der Führung des Nammejus und Verucloetius und später den Diviko, einst helvetischen Herzog vom Jahr 108; die Häduer sendeten principes Haeduorum, I 7, 13; VII 32.

Als Repräsentanten heissen sie, immer in der Mehrzahl, principes civitatum, principes Galliae oder ähnlich, und man wird darunter entweder einen zu der Vertretung ein für allemal Berufenen oder einen für den einzelnen Fall Betrauten zu verstehn haben, sei es bei Adelsherrschaft einen princeps civitatis, in Monarchien der König selbst, oder sei er einer der principes.

So wünschten nach der Niederlage der Helvetier dem Caesar Glück totius fere Galliae legati; principes civitatum, I 30, 31. Principibus Galliae evocatis — — equitatu imperato beschloss Caesar im Jahr 55 den Krieg gegen die Germanen, IV 6. Im nächsten Jahr versammelte er principes ex omnibus civitatibus um sich, principes Galliae; principibus cujusque civitatis ad se evocatis, damit sie ihm obsidum loco dienten, V 5, 6, 54. Es verhandelten in dem grossen Kriegsjahr indictis inter se principes Galliae conciliis silvestribus, VII 1; Vercingetorix mit den principibus civitatum, vor Avarikum und Gergovia, VII 28, 36 und Galli concilio principum indicto über den Entsatz von Alesia, VII 75. Auch von den aremorischen Stämmen heisst es im Jahr 56: per suos principes so conjurant III 56.

Der Senat.

Während in der Zeit des Krieges das Heer und seine Versammlung die materielle und politische Macht des Stammes darstellt und in ihr neben oder über dem Adel die Plebs Einfluss oder Übergewicht ausüben mag, (S. 145), verändert sich das Bild, sobald der Krieg ein Ende nimmt, das Heer in die heimischen Verhältnisse zurückkehrt und sich auflöst. Nun steht der verarmte und verschuldete Plebejer dem Adeligen, von dem er abhängig ist, machtlos und rechtlos gegenüber, wenn er nicht etwa an einer starken Faktion schützenden Anhalt findet. Jenes Verhältnis findet in dem Friedenssenat des Adels seinen Ausdruck.

Der senatus, das concilium, die συνεδρία, βουλή ist eine repräsentative Körperschaft, die schon in dem galatischen Rat der Dreihundert zu erkennen ist. Der Senat ist eine spezifisch keltische Einrichtung, die aber auch vereinzelt bei benachbarten germanischen Stämmen, den Ubiern und Friesen vorkommt, Gall. IV 11; Ann. XI 19; S. 72.

Der Senat wird auf eine Linie mit dem Adel und der Reiterei gestellt; klagt doch Divitiakus, dass die Häduer in den Kriegen mit Ariovist omnem nobilitatem, omnem senatum, omnem equitatum verloren hätten, I 31. Innerhalb des Adels werden wohl die Mitglieder des Senats der Veneter und Bundesgenossen charakterisiert, wenn es von ihnen heisst, sie waren omnes gravioris aetatis, in quibus aliquid consilii aut dignitatis fuit, III 16. Aber wir wissen nicht, wie die Senatoren dem Adel entnommen wurden und haben nur den Anhalt, dass in dem grossen Stamm der Nervier ihre Zahl sechshundert betrug, Gall. II 16, 28. Neben den Senat wird insbesondere auch der Fürstenrat gestellt, bei den Bellovakern principes und senatus, bei den Ubiern principes ac senatus, bei den Friesen magistratus und senatus, VIII 22, IV 11, XI 19. Die Plebs ist von dem Senat ausgeschlossen, plebis nulli adhibetur consilio, VI 13.

Bei den Häduern durften zwei aus einer Familie nicht dem Senat angehören, VII 33. Es scheint, dass die Bundesgenossen des Jahres 56, die Veneter, die eburovicischen Aulerker und Lexovier einen gemeinschaftlichen Senat hatten, III 16, 17. Der versammelte Senat bildet das concilium. Nur in ihm darf über das Gemeinwesen geredet werden, de re publica nisi per concilium loqui non conceditur, VI 20. In concilio Haeduorum erzählte Dumnorix, dass Caesar ihm das Königtum des Stammverbands zugedacht habe, V 6. Wer sich in der Versammlung ungebührlich benahm, dem wurde nach dreimaliger Mahnung durch den Aufseher, ὑπερέτης der Rockzipfel so weit abgeschnitten, dass das Kleid nicht mehr zu tragen war. Strabo IV 4, 3.

Der Senat behandelt die Stammangelegenheiten in souveräner Entscheidung. Er bestimmt endgültig die Richtung der Politik, insbesondere das Verhältnis zu Rom, zu Oligarchie und Königtum und wird für seine Beschlüsse verantwortlich gemacht, sowohl von Caesar als von dem Volke.

Im Jahr 52 wurde der Abfall der bis dahin romfreundlichen Häduer von dem Vergobret und einem grossen Teil des Senats herbeigeführt, und ihre Haltung war für die Ausdehnung der grossen Erhebung von entscheidender Bedeutung, VII 55, 67.

Caesar beschied im Jahr 57 den ganzen Senat der Remer, welche sich ihm freiwillig unterworfen hatten, vor sich, um ihm seinen Willen kund zu tun. Ebenso berief er im Jahr 54 den ganzen Senat der Senonen, welche ihren romfreundlichen König Kavarinus verjagt hatten, um jenen zur Verantwortung zu ziehen; sie leisteten aber keine Folge. Er liess den Senat der Veneter und der Küstenstämme im Jahr 56 töten, um ihn für den Abfall ihres Bundes zu strafen, II 5; V 54; III 16.

Im einzelnen sind es res majores, in denen von der Tätigkeit des Senats die Rede ist.

Er hat die Disposition über das Stammgebiet. Bei dem Versuch der Usiper und Tenkterer vom Jahr 55, von den Ubiern Land zur Ansiedlung zu erwerben, verlangten sie, es sollten principes ac senatus der Ubier den Abtretungsvertrag eidlich bestärken, VII 11.

Der Senat wählt wohl die Fürsten, wie er z. B. den Friedensfürsten der Häduer, den Vergobret ernannte. Bei der Wahlstreitigkeit des Jahres 52 unterwarf er sich der Entscheidung des zum Schiedsrichter angerufenen Caesar VII 32, 33.

Endlich hat der Senat die Eröffnung des Krieges zu beschliessen, die Aulerker und Bundesgenossen töteten im Jahr 56 ihren Senat, da er nicht in den Krieg gegen die Römer willigen wollte. Den aufständischen und dann im Jahr 51 niedergeworfenen Bellovakern, welche sich entschuldigend auf den überragenden Einfluss der Plebs und ihres Führers Korreus beriefen, erklärte Caesar, wider den Willen der Fürsten und beim Widerstreben des Senats, invitis principibus, resistente senatu etc. sei niemand vermögend, einen Krieg zu veranlassen. III 17; VIII 21, 22.

Die Stammfürsten.

Strabo schreibt IV 4, 3 über die gallischen Staaten und ihre höchsten Obrigkeiten: Die meisten Staaten wurden aristokratisch regiert. Einen Hegemon wählten sie von Alters her auf Jahresfrist; ebenso wurde ein Strategos von dem Volke ernannt. *Ἀριστοκρατικαὶ δ'ἦσαν αἱ πλείους των πολιτειῶν, ἕνα δ'ἡγεμόνα ᾑροῦντο κατ'ἐνιαυτὸν τὸ παλαιόν, ὡς δ'αὔτως εἰς πόλεμον εἷς ὑπὸ τοῦ πλήθους ἀπεδείκνυτο στρατηγός.*

Die höchste obrigkeitliche Gewalt ist nach Frieden und Krieg unter zwei Stammfürsten, principes civitatis, primi civitatis geteilt, beide Stellungen werden aber auch, wohl vorübergehend, in einer Hand als Diktatur vereinigt. Von den principes civitatum, principes Galliae war schon S. 153 die Rede.

Der politische Fürst des Friedens ist bei Caesar der Vergobretus, „der Rechtswirker“, bei Strabo der ἡγεμών; der militärische Fürst des Kriegs ist bei Caesar der dux, praefectus (civitatis) bei Strabo der στρατηγός. Jener, also auch dieser wird „seit Alters“ gewählt und zwar jener vom Senat auf ein Jahr, dieser von der Heerversammlung auf die Dauer des Kriegs.

Stammfürsten waren bei den *Remern* im Jahr 57 Iccius und Andekombogius, primi civitatis suae. Als solche waren sie Gesandte bei Caesar. Iccius ein Mann von hohem Adel und grossem Einfluss in seinem Stamm, der in dem belagerten Bibrax befehligte, scheint der Kriegsfürst, summa nobilitate et gratia inter suos, qui tum oppido praefuerat, der andere also der Friedensfürst gewesen zu sein, II 3, 4, 6, 13. (Siehe über die angebliche Verfassungsgemeinschaft mit den Suessionen S. 151.)

Stammfürsten beider Funktionen, also Diktatoren waren: bei den *Lemoviken* im Jahr 52 Sodalius; er war dux et princeps civitatis Lemovicum, VII 88; bei den *Remern* im Jahr 51 Vertiscus, er war princeps civitatis, praefectus equitum, oder princeps et praefectus Remorum (= civitatis), VIII 12.

Stammfürsten sind auch bei den Helvetiern, Piktonen und Treverern zu erkennen.

Nachdem die *Helvetier* im Jahr 60 beschlossen hatten, gen Westen auszuwandern, wurde Orgetorix zur Ausführung der Vorbereitungen gewählt. Ad eas res conficiendas Orgetorix deligitur. Er war also ihr Friedensfürst, und nach den Worten suis copiis, suoque exercitu, wie es scheint, auch ihr Kriegsfürst, also Diktator, ἡγουμένος, I 3. Dio 38, 31. Ähnlich mag bei den *Piktonen* im Jahr 51 Duratius, der Römerfreund geblieben war, cum pars quaedam civitatis defecisset, und dann in Lemonum belagert wurde, eine Doppelstellung eingenommen haben, VIII 26, 27.

Von der Verfassungsform der Heerversammlung, wie sie von Gallien und insbesondere den *Treverern* bezeugt ist, war schon die Rede (S. 136 und 143). Ist sie in der Tat ein Rudiment der Landesgemeinde, so ist doch die Gesellschaftsordnung der Treverer die des herrschenden Adels. Nobilitas und plebs werden unterschieden. Dem entspricht ihre Reiterei, die stärkste in ganz Gallien, und eine grosse Menge von Fussvolk. An der Spitze der Gaue, wie an der des Staats stehen Fürsten, principes.

Die letztern waren im Jahr 54 der romfeindliche Indutiomarus und sein Schwiegersohn, der romfreundliche Cingetorix. Jeder hatte einen Anhang, factio, von der im Kapitel XXII die Rede sein wird. Beide stritten um das politische Übergewicht im Staate, principatus, ein Beweis, dass ihre Stellungen auf gleicher Stufe standen.

Als Caesar sich mit der Armee dem Lande der Treverer näherte, rüstete Indutiomarus gegen ihn den Heerbann, während Cingetorix als Führer der Mehrzahl der Gaufürsten die Gunst Caesars suchte und fand. Indutiomarus zeigt sich damit als Herzog, so dass dem Cingetorix die politische Obrigkeit zuzuschreiben sein wird. Später berief Indutiomarus eine Heerversammlung, die den Cingetorix als Staatsverräter erklärte und ihn seiner Stellung entsetzte, und nun erscheint Indutiomarus als der allein Herrschende, als Diktator. Nachdem er gefallen, wurde durch die „Treverer“ (also wohl durch eine zweite Heerversammlung) das imperium an seine Sippe, später aber durch den siegreichen Caesar principatus atque imperium an Cingetorix übertragen, in allen Fällen wohl die Gewalt beider Stammfürsten als Diktatur, V 3, 4, 26, 53, 55—58; VI 2, 8.

Als Kriegsfürsten waren bei den *Häduern* als Reiterführer Eporedorix und Viridomarus principes civitatis, VII 38, 39, während der Anführer des Fussvolks Litaviccus nicht weiter charakterisiert wird. Bei den *Helviern* war Donotaurus als Stammherzog princeps civitatis, VII 65. Die andern duces (der Bünde) sind bereits S. 141 genannt.

Friedensfürsten waren bei den *Häduern*, *Lexobiern* und *Santonen* die Vergobreten; der häduische wird auch als magistratus, summus magistratus bezeichnet. Mommsen III 2, 38; Bloch I 66; Gall. I 16; VII 32, 33, 37. Als politische Stammfürsten sind auch wohl anzusehn: bei den *Venellern* Viridovix, his praeerat, *ὧν ἡγεῖτο* (im Gegensatz zu den reliqui duces), III 17, 18, Cassius Dio 39, 45, und bei den *Arvernern* Celtillus, der Namens seines Stammes den Principat über Gallien ausgeübt hatte, VII 4.

Die Geschichte der häduischen Vergobreten.

Das Amt des Vergobreten (Hegemon) war Herrschaft, imperium und gab auf ein Jahr königliche Gewalt, regiam potestatem annuam, doch war sie um die militärische verkürzt und dadurch vermindert, dass sie weder lebenslänglich noch erblich war.

Von diesen Kautelen umgeben, war der Vergobret die oligarchische Friedensobrigkeit des Stammverbandes, eine Schöpfung des Senats, der Ausdruck der Adelsherrschaft und so sieht man ihn im Einverständnis mit dem Senat und den Principes handeln. I 16, VII 32, 33, 67

Bei den Häduern wurde von Alters her, antiquitus der Vergobret als summus magistratus gewählt. Nach Ablauf der Wahlperiode wurde während des Interregnums die Neuwahl von den Druiden geleitet. Der Wahlkörper, comitia bestand aus dem Senat. Die Versammlung war für die rechte Zeit und den rechten Ort zu berufen. Nicht wählbar war, wer mit einem früheren Vergobret oder einem Mitglied des Senats verwandt war. Adel oder hoher Adel wird Voraussetzung gewesen sein, VII 32, 33, 67.

Im Jahr 58, zur Zeit der Wanderung der Helvetier, war Liskus Vergobret. Als Caesar ihn und die Principes darüber zur Rede stellte, dass die Häduer das ihm von Staats wegen für sein Heer zugesagte Getreide nicht geliefert hätten, klagte Liskus, dass Dumnorix, der Führer der nationalen Partei, wegen seines Einflusses auf die Plebs mehr vermöge als die Obrigkeit selbst, I 17. Später war Valetiakus der Vergobret des Jahres 53, und im nächsten Jahr ergriffen zwei die Gewalt, als sei jeder gesetzlich gewählt, Konvictolitavis, ein hochstehender Jüngling von glänzenden Verhältnissen und Kotus aus einem sehr alten Geschlecht, von zahlreicher Verwandtschaft und grosser Macht, der Bruder des vorjährigen Vergobret. Der ganze Senat war geteilt und die Erregung hatte sich dem Volk mitgeteilt, divisum senatum, divisum populum, der ganze Stammverband, der Anhang eines jeden, clientela unter Faktionsführern, stand in Waffen. Ein gewaltsamer Ausbruch war zu befürchten, und die Principes ersuchten daher den Caesar, als Schiedsrichter zu entscheiden. Weil der Vergobret das Gebiet des Stammes nicht verlassen durfte, so begab Caesar sich in das Land der Häduer nach Decetia, wohin er den ganzen Senat und die beiden Prätendanten berief. Es kam aber fast die ganze Civitas. Er fand, dass Kotus, der Bruder des Valetiakus nur von wenigen heimlich Berufenen gewählt und von seinem Bruder ausgerufen sei, während die Wahl seines Gegners unter der Leitung der Druiden ordnungsmässig vollzogen sei; und so zwang er jenen, die Gewalt niederzulegen, und setzte Konvictolitavis in das Amt ein, VII 32, 33.

Während Liscus, der romfreundliche Vergobret des Jahres 58, trotz der Unterstützung der Principes durch den Einfluss des nationalen Parteiführer Dumnorix gelähmt wurde, leitete Konvictolitavis im Jahr 52 den Abfall der Häduer von der romfreundlichen Politik ein, und führte ihn mit Hilfe eines grossen Teils des Senats durch, während die Parteiführer seiner Zeit, Eporedorix und Viridomarus sich erst nachträglich der nationalen Politik anschlossen, VII 37, 55.

Die Gerichtsbarkeit des Stammverbandes.

Neben der der Druiden (S. 128) steht die der „Civitas“ in Sachen des Hochverrats. Ihre Trägerin ist, wie es scheint, die Heerversammlung oder der Senat.

Die „Helvetier“ waren es, welche den Hochverratsprozess gegen den Orgetorix führten, und die ihm drohende Strafe war der Feuertod. Die „Civitas“ der Arverner tötete (im Wege

Rechtens?) den Celtillus wegen des gleichen Verbrechens. Caesar überliess das Rechtsverfahren gegen Dumnorix dem Bruder desselben, Divitiakus oder der „Civitas" der Häduer. Der Treverer Indutiomarus erklärte in einer Heerversammlung, mithin unter deren Zustimmung, den Cingetorix für einen Feind des Stammverbands und zog dessen Güter ein.

Die Landtage.

Während die bisher behandelten Versammlungen solche der Civitas (Heerversammlung und Senat) sind, gibt es auch Landtage der drei Gallien und des ganzen Galliens, concilia und concilia totius Galliae. Sie werden von den Fürsten der Einzelstaaten gebildet, den principes civitatum, principes Galliae IV 6; I 30 (S. 156) und sowohl von den aufständischen Stammverbänden, wie von Caesar einberufen. Sie beschliessen über Gemeinschaftliches, setzen z. B. die Kriegskontingente der Truppen, insbesondere der Reiterei fest, führen hochpolitische Untersuchungen und strafen die Schuldigen. Caesar hielt die Landtage gewöhnlich im ersten Frühjahr, vor dem Beginn seiner kriegerischen Unternehmungen, primo vere ab. Die Nachrichten beschränken sich auf Belgien und das mittlere Gallien.

Im Jahr 57 wurden in communi Belgarum concilio die Kontingente des belgischen Krieges, vor dessen Beginn man stand, festgestellt. Auch der Landtag von Samobriva, der im Jahr 57 wegen der Missernte in Gallien abgehalten wurde, mag nach seiner Lage am Ocean sich auf Belgien beschränkt haben, concilio Gallorum peracto, II 4; V 24.

Die weitern Landtage scheinen für Belgien und das mittlere Gallien (etwa auch Aquitanien) gemeinsame zu sein.

Im Jahr 58 gratulierten totius fere Galliae legati, principes civitatum in einer Vorversammlung dem Caesar zu dem Siege über Ariovist, setzten die Tagfahrt zu einem allgemeinen Landtag an, und suchten auf diesem die Hilfe Caesars gegen Ariovist nach, I 30, 31.

Im Jahr 55, als die Usiper und Tenkterer in Gallien eingebrochen waren, berief Caesar die gallischen Fürsten zum Landtag, principibus Galliae evocatis, und beschloss, nachdem ihm Reiterei bewilligt war, den Krieg gegen die Germanen, IV 6.

Im Jahr 53 waren in concilio Galliae, der wahrscheinlich nach Durokortorum, der Stadt der Remer berufen war, die Senonen, Karnuten und Treverer nicht erschienen. Caesar sah darin eine Feindseligkeit und verlegte den Landtag nach Lutetia Parisiorum. Hier setzte er die Verhandlungen fort und legte den Einzelstaaten Reiter auf. Dann wurde der Landtag nach Durokortorum zurückverlegt, die „Verschwörung" der Senonen und Karnuten zur Untersuchung gezogen und der Führer der erstern, Akko zum Tode nach altem Brauch verurteilt, während andere mit der Acht büssen mussten, VI 3, 4, 44.

Im Jahr 52 wurde zur Wahl der Bundesfeldherrn ein Landtag von ganz Gallien totius Galliae concilium nach Bibrakte, der Stadt der Häduer ausgeschrieben, der von allen Seiten stark besucht wurde. Wie an Stelle der principes civitatum die multitudo, die Heerversammlung die Wahl vollzog, ist bereits S. 137 und 143 dargestellt; VII 63.

In demselben Jahr setzten die Gallier in dem Landtag der Fürsten, Galli concilio principum indicto die Kriegskontingente der Einzelstaaten fest, VII 75.

Einundzwanzigstes Kapitel.

Königtum und Oligarchie.

Die Prätendenten des Königtums.

Nach der Niederwerfung der Heere der Helvetier und des Ariovist prüfte Caesar die Gründe für die Erregung, die sich über Gallien verbreitet hatte, und fand, abgesehn von den nationalen Ursachen, als solche das Bestreben, die Adelsverfassung zu beseitigen und das Königtum einzuführen, ein Verlangen, das die römische Herrschaft erschwere.

Das Trachten nach Umsturz des Bestehenden führte er auf die Unbeständigkeit und den Leichtsinn der Plebs, das Erstreben des Königtums auf den Ehrgeiz von Mächtigen zurück. Conjurandi has esse causas: — — partim qui mobilitate et levitate animi novis imperiis studebant; ab nonnullis etiam quod in Gallia a potentioribus atque iis, qui ad conducendos homines facultates habebant, vulgo regna occupantur, qui minus facile eam rem imperio nostro consequi poterant, II 1.

In der Tat wirkten Mächtige und die Plebs zusammen. Schon der König Luerius hatte sich auf die Plebs gestützt (S. 121), die Prätendenten des Königtums taten ein Gleiches und in ihnen sah die Plebs die Vertreter ihrer Interessen, ihre Führer.

Es handelte sich um die alten Gegensätze von Adel und Plebs, um das Adelsregiment einerseits und die Plebs und ihre Faktionen andererseits, letztere nunmehr unter kühnen und unternehmenden Führern, welche das Königtum anstrebten. Zu diesen Gegensätzen gesellte sich, sie verschärfend, seit Caesars Ankunft in Gallien ein weiterer durchgreifender Zwiespalt der Nation, das freundliche oder feindliche Verhältnis zu Rom. Der Adel war vorwiegend romfreundlich, die Plebs national gesinnt und da in den Stammverbänden neben der überwiegenden Klasse wohl eine starke Minderheit sich befand, so entstand die leidenschaftliche Gärung, die ganz Gallien durchdrang.

Schon im Jahr 60 waren bei den Helvetiern Orgetorix, bei den Sequanern Kastikus, bei den Häduern Dumnorix die Mächtigen, die einen Bund schlossen, um sich mit Hilfe der Plebs jeder in seinem Stammverband des Königtums zu bemächtigen und demnächst als Vertreter der drei mächtigsten Stämme die Herrschaft über ganz Gallien zu erringen. Orgetorix und Dumnorix gingen darüber zugrunde. Bei den Arvernern unterlag vor dem Jahr 52 im Kampfe gegen die Adelspartei Celtillus, während in diesem Jahr sein Sohn Vercingetorix siegreich daraus hervorging. Die Plebs erhob ihn zum König der Arverner und der endliche Sieg über die Römer würde den Feldherrn des gesamten gallischen Heeres zum König von Gallien gemacht haben, regnum Galliae, imperium I 1—4, 17; VII 4, 20.

Die Verbreitung der Verfassungen.

Königreiche und *Oligarchien* lagen über Gallien im Gemenge zerstreut. Von mehr als hundert Stämmen gehörten nach Strabo die meisten der aristokratischen Verfassung an, aber von beiden Systemen sind nur folgende fest zu legen.

Königreiche. Ältere bei den Biturigen, Arvernern, Salyern, Suessionen, Sequanern, von denen das Königtum zu Caesars Zeit bei den Biturigen, Arvernern, Sequanern nicht mehr erwähnt wird. Dagegen jüngere in Aquitanien, wo Königsgeschlechter; im mittleren Gallien: Nitiobrigen, Senonen (später Oligarchie?), Karnuten (später Oligarchie?), Suessionen; in Belgien: Eburonen, Atrebaten und Moriner, beide vorher oligarchisch.

Oligarchien. In der römischen Provinz: Helvier, Allobrogen; im mittleren Gallien: Arverner (später der König Vercingetorix), Lemoviken, Piktonen, Santonen, Veneter, Uneller, Lexovier, Senonen? (früher Königtum), eburovicische Aulerker, Karnuten? (früher Königtum), Häduer, Helvetier; in Belgien: Remer, Bellovaker, Nervier, Treverer; in Germanien: Ubier, Friesen.

Zweiundzwanzigstes Kapitel.

Die Faktionen der Plebs.

Die Unbeständigkeit der Plebs.

Caesar schildert es als eine Gewohnheit der Gallier, insbesondere ihrer Plebs, vulgus, multitudo, die Reisenden auf den Strassen nach Neuigkeiten auszuforschen und oft nach deren unverbürgten Mitteilungen leichtsinnig in den wichtigsten Dingen Beschlüsse zu fassen, die sie sofort zu bereuen hätten. In den gut geführten Staaten sei daher vorgeschrieben, dass derartige Nachrichten niemand anderem als dem Magistrat zu übermitteln seien, der zu entscheiden habe, ob sie geheim zu halten oder zu veröffentlichen seien, Gall. IV 5, VI 20. Insbesondere tadelt Caesar die Unbesonnenheit der Häduer, und den Leichtsinn ihrer Plebs, temeritas, levitas vulgi, VII 42, 43. Allerdings um sein Verhalten dem Caesar gegenüber zu beschönigen, klagte der Treverer Indutiomarus die Plebs seines Stammes, wenn sie der Leitung des Adels entbehre, des Unverstandes an, ne omnis nobilitatis discessu plebs propter imprudentiam laberetur, V 3; und ebenso die Bellovaker. Sie führten die Eröffnung ihres Krieges gegen die Römer auf das leidenschaftliche Verlangen der Plebs, summa plebis cupiditas zurück, und als der Aufstand misslungen, auf die Verführung der Plebs durch Korreus und ihren Mangel an Erfahrung zurück, Correus concitator multitudinis, — — imperita plebs, VIII 7, 21. Dieser Auffassung entspricht die Einrichtung des oligarchischen Staats: Plebis nulli adhibetur consilio, VI 13.

Die Plebs als politischer Faktor.

Aber wenn der Plebs der Zugang zu dem Adelsregiment versagt war, so übte sie ihrerseits tatsächlich doch einen oft entscheidenden Einfluss auf die öffentlichen Angelegenheiten.

Die Grundzüge des Faktionswesens sind bereits dargestellt (Kapitel XVII die Faktionen der gemeinfreien Plebs, S. 131). Caesar stellt sie, soweit sie das soziale Leben betreffen, an die Spitze seiner allgemeinen Schilderung Galliens, VI 11, 13, und ergänzt sie in seinen Erzählungen einzelner Stämme auch hinsichtlich der politischen Seite.

Diese fand ihren vornehmsten Ausdruck in der autoritativen Stellung des Führers. Er war in allen Fällen ein Glied des hohen Adels. Um die Plebs gegen die Mächtigen zu schützen, bedurfte er selbst der Macht, die ihm als einem Angehörigen des herrschenden hohen Adels aus Geschlecht, Reichtum, Söldnern, Klienten und Sklaven erwuchs und ihm auch bestimmenden Einfluss unter Seinesgleichen sicherte. Um aber als politischer Faktor massgebende Entscheidungen herbeiführen zu können, bedurfte er einer Kraft, die ihn weit über seine Standesgenossen hinaushob. Dies war die Plebs, die, ohne eigne Initiative, sich seiner Führung hingab und zusammengeschlossen die Handhabe für die Verwirklichung gemeinschaftlicher Interessen und die Durchführung darauf gerichteter Pläne, insbesondere des Sturzes des Adelsregiments und der Herstellung einer volkstümlichen Monarchie unter dem Faktionsführer als König wurde.

Das Verhältnis zwischen der Faktion und ihrem Führer beruhte auf der Meinung der Plebs, existimatio vulgi, war ein durchaus freies und blieb ein solches. Es enthielt die freiwillige Unterordnung, bestand, stieg oder schwand je nach den Ereignissen und nahm insbesondere ein Ende, wenn der Führer nicht einmal Schutz gewähren konnte.

So stand der legalen Form des Adelsstaats die tatsächliche Organisation der Plebs, so standen Adel und Plebs einander gegenüber. Als der Gegensatz der römisch und der national Gesinnten ganz Gallien trennte, teilte sich auch in demselben Staate die Plebs in Faktionen beider Richtungen und wenn nun die nationale Faktion mit der revolutionären zusammenfiel, so trug die romfreundliche konservatives Gepräge. Die Führer der entgegenstehenden Faktionen sieht man dann um den Vorrang, principatus streiten.

Von den Faktionen der Plebs ist nur in den Adelsstaaten die Rede. Dem feindlichen Adel gegenüber bedurfte die Plebs der unter dem Princeps organisierten Faktion.

Aus den monarchischen Staaten erfahren wir über den Zustand des Adels und der Plebs und über ihr Verhältnis zueinander und zum Königtum nichts. Aber man darf annehmen, dass wie die Plebs, so auch das Königtum im politischen Gegensatz zum Adel stand und dass die gemeinschaftliche Gegnerschaft das Bindemittel zwischen beiden war. Der König Luerius der Arverner erkaufte die Gunst der Plebs (S. 121), und sie unterstützte im eigenen Interesse die auf Einführung des Königtums in Gallien gerichteten Unternehmungen der Prätendenten. Es bedurfte daher in der Regel keiner Faktion, denn der König erscheint als der natürliche Vertreter der Plebs, die Plebs als die Partei des Königtums, ein Verhältnis, das etwa durch Despotismus oder römische Politik des Herrschers eine Änderung erleiden mochte.

Zwei Faktionen im Stammverband.

In den Erzählungen Caesars tritt das Faktionswesen und sein Einfluss auf den Staat am deutlichsten da hervor, wo in demselben Staat zwei Faktionen einander gegenübertraten, deren Führer um den Vorrang stritten, bei den Häduern, den Arvernern und Treverern. Nahe Verwandte standen hier an der Spitze der feindlichen Faktionen, die durch Römerfreundschaft und Römerhass, oder auch wohl durch die Frage des Königtums auseinander gehalten wurden und unter deren Einflüssen die

Politik des Staates selbst hin und her schwankte. Die Verhältnisse der Häduer werfen zugleich ein Licht auf die monarchischen Prätendenten der Helvetier und Sequaner.

Die Häduer Divitiakus und Dumnorix.

Bei den Häduern standen an der Spitze der beiden Faktionen zwei Nobilissimi, die Brüder Divitiakus und der jüngere Dumnorix. Jener, ein Freund Ciceros, war Druide und hatte an der grossen Macht des Druidentums wahrscheinlich von vornherein einen Rückhalt, Dumnorix war Anführer der häduischen Reiterei, ein Beweis für seine hervorragende Stellung auch innerhalb der Adelschaft. Jener war ein häduischer Patriot und romfreundlich, dieser national gesinnt, revolutionär und romfeindlich. Beide stritten um den Vorrang, bis die Erfolge und die Parteinahme Caesars den Divitiakus zum Leiter des Gemeinwesens machten. Dass sie, abgesehen von der militärischen Stellung des Dumnorix eine verfassungsmässige Stellung im Staate eingenommen, ist nicht zu ersehn.

Divitiakus war, als nach den Erfolgen des Ariovist etwa im Jahr 61 vor Chr. der Friede zwischen den Sequanern und Häduern geschlossen war, der einzige Nobilissimus, der jenen den Untertänigkeitseid und seine Kinder als Geiseln verweigert hatte. Frei von Verpflichtungen, ging er nach Rom, um die Hilfe des Senats für den am Boden liegenden Staat der Häduer zu erbitten, aber vergebens. Divitiakus selbst schilderte später seine damalige Stellung im Stammverband der Häduer und in Gallien: Er hätte das grösste Ansehn gehabt, sein Bruder aber habe bei seiner Jugend nichts gegolten und sei erst durch ihn zu Ansehn gelangt. Cum ipse gratia plurimum domi atque in reliqua Gallia, illi minimum propter adulescentiam posset, per se crevisset, I 20.

Dabei gebot Dumnorix aber über grosse Mittel. Viele Jahre hindurch pachtete er die Zölle der Häduer um geringen Preis, während niemand neben ihm zu bieten wagte und kam dadurch in die Lage, Freigebigkeit üben, und sich mit zahlreichen, von ihm besoldeten Reitern umgeben zu können. Daneben knüpfte er einflussreiche Familienbeziehungen auch in den Nachbarstaaten an. Auf diese Weise verschaffte er sich Macht, potentia. Von grosser Kühnheit, bei der Plebs wegen seiner Freigebigkeit in hohem Ansehn, war er auf den Umsturz des Staats bedacht. Esse Dumnorigem summa audacia, magna apud plebem propter liberalitatem gratia, cupidum rerum novarum, I 18. Er gehörte zu den keltischen Grossen, die das Königtum anstrebten, a potentioribus vulgo regna occupabantur, II 1.

Im Jahr 60, wo er den ersten Versuch dazu machte, hatte von den Häuptern der beiden häduischen Faktionen Dumnorix die bedeutendste Stellung in der Civitas und stand in höchster Gunst bei der Plebs. Dumnorigi Haeduo, fratri Divitiaci, qui eo tempore principatum in civitate obtinebat ac maxime plebi acceptus erat, I 3 (qui kann sich dem Zusammenhang nach nur auf Dumnorigi beziehn).

Der Helvetier Orgetorix.

Die Idee, die Adelsherrschaft in das Königtum umzuwandeln, ging von Orgetorix aus. Er war Nobilissimus, reich an Sklaven, Klienten und Gütern, er war der reichste unter den Helvetiern. Er war im Staate von Einfluss, auctoritas, der sich auf den Adel erstreckte, und die Führung der Plebs (von der keine Rede ist, die aber vorausgesetzt werden muss, da es sich um die Existenzbedingungen des gesamten Stammes handelte) gab ihm die Möglichkeit seiner Unternehmungen. Deren Motiv war nach Caesar das Verlangen nach dem Königtum. Er gewann zunächst die Zustimmung des Adels, indem er durch seine Autorität den Beschluss des Stammverbandes (des Senats) auf Auswanderung nach Westgallien durchsetzte, und wurde selbst zur Durchführung dieses Beschlusses gewählt. Regni cupiditate inductus, conjurationem nobilitatis fecit et civitati persuasit — —. Auctoritate Orgetorigis permoti constituerunt etc. Für den Durchzug war die Freundschaft der Sequaner und Häduer erforderlich, und als er persönlich sich dieser versicherte, beredete er den Sequaner Kastikus, den Sohn des früheren Königs Katamantaloedes, und den Häduer Dumnorix, dem er seine Tochter zur Frau gab, einen jeden, sich des Königtums in seinem Staate zu bemächtigen, ut regnum in civitate sua occuparet. Er selbst sei im Begriff, die Herrschaft seines Stammverbandes einzunehmen, suae civitatis imperium, und bei der Übermacht der Helvetier werde er vermöge seiner Mittel und seines Heeres ihnen das Königtum, regna verschaffen. Dazu verbanden sich die drei eidlich, und hofften an der Spitze der drei mächtigsten Stämme sich der Herrschaft in ganz Gallien, imperio totius Galliae bemächtigen zu können. Dieses auf die nationale Einigung Galliens gerichtete Unternehmen wurde vereitelt. Die Absicht des Orgetorix wurde verraten. Es kam zu einem Konflikt zwischen der Macht des Staates und der des Orgetorix und bei dieser Gelegenheit kam er ums Leben, I 2—4, 18. Aber die Auswanderung der Helvetier erfolgte im Jahr 58.

Dumnorix und Divitiakus.

Dumnorix setzte sein Verlangen nach der Königswürde fort, cupiditate regni adductus — novis rebus studebat. In den politischen Verhältnissen, welche durch den Aufbruch der Helvetier geschaffen waren, machte er seinen mächtigen Einfluss geltend. Er erwirkte ihnen die Erlaubnis der Sequaner, bei denen er durch sein Ansehn und seine Freigebigkeit viel vermochte, zum Durchzug durch ihr Land, gratia et largitione apud Sequanos plurimum poterat, I 9; und als die von den Helvetiern belästigten Häduer die Unterstützung Caesars erlangt, und ihm Proviant versprochen hatten, hintertrieb er dessen Lieferung. Auf die Beschwerde Caesars erfuhr dieser von dem Vergobreten Liskus: Es gäbe einige (und damit war Dumnorix gemeint), deren Einfluss bei der Plebs am meisten gelte, und die für ihre Person mehr vermöchten, als selbst die Obrigkeit. Esse nonnullos, quorum auctoritas apud plebem plurimum valeat, qui privatim plus possint, quam ipsi magistratus. Diese hielten die Menge, multitudo ab, das Getreide zu liefern.

Auf Caesars Verlangen ergänzte Divitiakus diese Mitteilungen, indem er die Vergangenheit des Dumnorix schilderte und hinzufügte: Dieser hasse den Caesar und die Römer, weil durch deren Anwesenheit seine Macht, potentia gemindert, und Divitiakus das alte Ansehn und die alte Ehrenstellung wieder erlangt habe, in antiquum locum gratiae atque honoris sit restitutus. Wenn die Römer unterlägen, dürfe Dumnorix hoffen, durch die Helvetier das Königtum zu erlangen; wenn sie siegten, so müsse er die Hoffnung auf das Königtum und das Ansehn, das er besitze (die Führerschaft seiner Faktion) aufgeben. Summam in spem regni obtinendi, — — non modo de regno sed etiam de ea, quam habeat, gratia desperare.

Weiter erklärte Divitiakus, nachdem Caesar ihn seines Vertrauens versichert und die Bestrafung des Bruders verlangt hatte: Dumnorix habe seine Stellung benutzt, nicht nur das Ansehn, gratia des Divitiakus herabzumindern, sondern fast sein Verderben herbeizuführen. Er aber werde aus brüderlicher Liebe und wegen der Meinung der Plebs, existimatio vulgi beunruhigt. Denn widerfahre seinem Bruder durch Caesar etwas Übles, so werde niemand glauben, es sei ohne seine, des Divitiakus, Zustimmung geschehen, und infolgedessen würde sich der Sinn von ganz Gallien, totius Galliae animi von ihm abwenden.

Die Stellung des ihm treu ergebenen Princeps factionis im Staat der Häduer wie in ganz Gallien war dem Caesar so wichtig, dass er sich mit Dumnorix aussöhnte, ihn aber überwachen liess. I 16—20.

Als die gallischen Fürsten die Hilfe Caesars gegen Ariovist erbaten, erwählten sie den Divitiakus zu ihrem Wortführer und der Druide erschien dem Caesar als der Vertreter des häduischen Staates selbst, und war in der Tat dessen Leiter. Er wies dem Caesar auf dessen Zuge gegen Ariovist den Weg, schickte im belgischen Kriege des Jahres 57 auf das Geheiss Caesars die Hilfstruppen der Häduer zur Verwüstung des Gebiets der aufständischen Bellovaker aus, beorderte sie zurück, nachdem diese sich unterworfen hatten, erbat die Schonung des alten häduischen Bundesgenossen, und erlangte sie von Caesar zu seinen und der Häduer Ehren, um deren Einfluss, auctoritas bei den Belgiern zu erweitern. I 31, 41; II 5, 6, 14, 15.

Des Dumnorix Ende.

Als Caesar im Jahre 54 die Expedition nach Britannien rüstete, fürchtete er, dass in Gallien hinter seinem Rücken ein Aufstand ausbrechen würde. Er versammelte daher ausser der keltischen Reiterei von 4000 Mann, also dem Adel, die Principes der Staaten, principes civitatum mit Ausnahme weniger, von deren Treue er überzeugt war, um jene mit sich zu führen. Unter ihnen war an der Spitze der häduischen Reiterei auch Dumnorix, immer noch cupidus rerum novarum, cupidus imperii, magnae inter Gallos auctoritatis. Er war dem Caesar noch besonders verdächtig, da er im Senat der Häduer erklärt hatte, Caesar würde ihm das Königtum des Stammverbandes übertragen, was sie zwar verletzte, aber bei Caesar nicht zurückzuweisen wagten. Dumnorix versuchte nun, die Principes gegen die Überfahrt nach Britannien aufzuwiegeln: es sei Caesars Absicht, Gallien seines gesamten Adels zu berauben und sie, was er hier nicht wage, drüben ums Leben zu bringen. Er verlangte von ihnen auch den Schwur, dass sie Alles, was sie für Gallien vorteilhaft hielten, nach gemeinsamem Beschluss ausführen wollten.

Als ihm dies nicht gelang, verliess er mit seiner Reiterei heimlich das Lager, wurde verfolgt und niedergemacht. Er starb mit den Worten, er sei ein Freier eines freien Staates. V 5, 6.

Die Häduer Konvictolitavis und Kotus.

Bei den Häduern zeigen sich weitere Andeutungen von Faktionen nicht nur innerhalb der Plebs, sondern auch Gegensätze innerhalb des Adels selbst. Von Konvictolitavis und Kotus, den beiden vornehmen und mächtigen Bewerbern des Jahres 52 um die Würde des Vergobretus war schon die Rede (S. 159, 163). Jeder hatte seine Klientel (hier seinen Wahlanhang), in dem Adel wie in der Plebs. Divisum senatum, divisum populum, suas cujusque eorum clientelas. Konvictolitavis, der durch Caesars Schiedsspruch Bestätigte, zeigte sich später als der national Gesinnte, indem er, durch die Arverner bestochen, den Abfall der Häduer von Caesar zu Vercingetorix einleitete. Er versetzte die Plebs in Wut, plebem ad furorem impellit etc. und führte dann mit einem Teil des Senats die Entscheidung herbei. VII 32, 33, 37, 42, 55.

Die Häduer Eporedorix und Viridomarus.

Sie waren in dem Wahlstreit auf entgegengesetzten Seiten mit aller Energie tätig gewesen, und sie stritten auch weiter um den Vorrang principatus, aber man sieht nicht, dass sie sich etwa durch politische Gesinnung unterschieden hätten. Beide junge Leute waren, jener von hohem Adel und bei den Häduern von grosser Macht, summae domi potentiae, dieser von gleichem Ansehn, pari gratia bei geringerem Geschlecht; Caesar hatte ihn von Divitiakus in seine Dienste übernommen und ihn von niederem Stand in hohe Stellung gebracht. Beim Ausbruch des Kriegs vom Jahr 52 standen beide als Reiteranführer auf Caesars Seite, machten dann, der nationalen Strömung folgend, den Abfall der Häduer mit und glaubten an Stelle des Vercingetorix den Oberbefehl über das gesamt-gallische Heer beanspruchen zu können, mussten sich aber mit dem über zwei Viertel des Entsatzheeres von Alesia begnügen. VII 38—40, 54, 55, 63.

Die Arverner Celtillus, Vercingetorix und Gobannitio.

Bei den Arvernern stand Celtillus, wahrscheinlich als Princeps civitatis, an der Spitze des Staats und übte für ihn die Hegemonie in Gallien aus, principatus totius Galliae. Wie Orgetorix, Dumnorix und Kastikus versuchte er, die Adelsherrschaft zu stürzen, und sich selbst zum König zu machen, regnum adpetebat. Er unterlag aber und wurde von Staats wegen vom Leben zum Tode gebracht, a civitate erat interfectus.

Seine Macht erbte sein Sohn Vercingetorix, summae potentiae adulescens, und seine Kraft erreichte mit Hilfe der Plebs und der nationalen Idee, was jene erstrebt hatten. Als im Jahr 52 die nationale Gärung zum Ausbruch kam, versammelte er seine Klienten und entflammte sie zum Aufstand. Die Adelspartei, sein Oheim Gobannitio und die übrigen Principes verjagten ihn aber aus der Hauptstadt Gergovia. Er liess nicht nach, seine Anhänger folgten ihm aus der Stadt, er sammelte auf dem Lande „Arme und Strolche“, egentes et perditi rief sie für die gemeine Freiheit zu den Waffen, vertrieb nunmehr mit grossem Heer, magnis coactis copiis seine Gegner aus der Stadt und wurde von der Plebs zum König ausgerufen. Rex ab suis appellatur. Dies war der Beginn seiner grossen Laufbahn VII 4.

Hier sei auch des Arverner Kritognatus erwähnt, ein Mann von hohem Adel und grossem Einfluss, magnae auctoritatis. VII, 77.

Die Treverer Indutiomarus und Cingetorix.

Die Zustände bei den Treverern, ihre Heerversammlung, ihre Stammfürsten sind schon berührt (Kapitel XVIII und XX S. 136, 161) und es bleiben noch ihre Faktionen im einzelnen zu besprechen.

Als im Jahr 54 Caesar mit einem Heer gegen die Treverer marschierte, standen sich im Lande zwei Faktionen gegenüber, an der Spitze der nationalen Partei Indutiomarus, an der der romfreundlichen sein Schwiegersohn Cingetorix, alterius princeps factionis. Sie waren die Stammfürsten der Treverer und der Anhang, die sui eines jeden bestanden aus Gaufürsten, Principes, dem Adel, nobilitas und Gliedern der Plebs. Die Führer kämpften um den Vorrang, de principatu inter se contendebant.

Indutiomarus rüstete, Cingetorix begab sich zu Caesar, und erklärte ihm, er und die Seinen würden bei ihrer Pflicht und den Römern treu bleiben. Einige der Gaufürsten, teils durch den Einfluss, auctoritas des Cingetorix, teils aus Furcht vor dem römischen Heer bestimmt, folgten ihm und baten um die Unterstützung Caesars, da sie (wegen der Gegenpartei) nicht vermöchten, für den Staat zu sorgen, civitati consulere non possent. Indutiomarus musste nun befürchten, von allen verlassen zu werden und liess daher durch eine Gesandtschaft dem Caesar sagen, er könne nicht zu ihm kommen, um den Staat leichter in Ordnung halten zu können, damit nicht bei dem Weggang des ganzen Adels die Plebs bei ihrem Unverstand sich verfehle, ne omnis nobilitatis discessu plebs propter imprudentiam laberetur. Als er dann doch nach Stellung von Geiseln kam, verständigte sich Caesar mit ihm, zog aber die treverischen Principes, die er zu sich befahl, einen nach dem andern zur Partei des Cingetorix hinüber, um dessen Einfluss bei den Seinen zu verstärken, ejus auctoritatem inter suos quam plurimum valere etc. Indutiomarus aber empfand es bitter, dass sein Ansehn bei seiner Partei geschwächt wurde, suam gratiam inter suos minui. V 2—4.

Seine romfeindliche Politik gab ihm jedoch bald eine dominierende Stellung in Belgien. Der Plan einer gleichzeitigen Belagerung der römischen Winterlager und der Heranziehung germanischer Söldner ist wohl auf ihn zurückzuführen. Er war zwar, abgesehen von der Überwältigung eines der vier Lager, ohne Erfolg, sie führte aber zu gewaltigen Rüstungen des Indutiomarus, die ihm ein solches Ansehn in Gallien verschafften, dass Gesandte von allen Seiten zusammenströmten, die für ihre Staaten oder für sich seine Gunst und Freundschaft suchten. Sibi in Gallia auctoritatem comparaverat, ut — — gratiam atque amicitiam publice privatimque peterent. Er war nun der Partei des Cingetorix gegenüber stark genug, um diesen in einer Heerversammlung für einen Feind des Staats erklären und seine Güter einziehen lassen zu können. Hostem judicandum curat, bona ejus publicat. Dann ging er zum Angriff gegen das Lager des Legaten Labienus über, und fiel, nachdem dieser einen Preis auf seinen Kopf gesetzt hatte. V 55—58. Siehe weiter S. 191.

Eine einzige Faktion im Stammverband.

Endlich tritt das Faktionswesen bei Staaten in die Erscheinung, die nach der nationalen Niederlage des Jahres 52 in den beiden folgenden Jahren den Krieg fortsetzten. Hier ist die Faktion jedesmal eine einzige, die nationale. Die Darstellung ist im achten Buch der Kommentarien des Hirtius enthalten, bei dem die Ausdrucksweise mehrfach von der des Caesar abweicht.

Der Bellovaker Korreus.

Die Bellovaker und ihre Nachbarn verbanden sich zum Krieg. Die nationale Kriegspartei umfasste die Principes, den Senat wie die Faktion der Plebs, diese unter der Führung des Korreus. Er und Kommius, beide ausgezeichnet durch ihren Römerhass, erhielten den Oberbefehl und wurden die Stammfürsten des Krieges. Mehrere Principes, heisst es, waren die Anstifter, aber die Plebs, multitudo, gehorchte am meisten dem Korreus. Der Kriegsplan wurde unter Zustimmung aller Principes und auf leidenschaftliches Verlangen der Plebs festgestellt. Als das Heer geschlagen und Korreus gefallen war, beschloss die Heerversammlung die Unterwerfung und ihre Gesandten stellten dem Caesar vor, die Bellovaker seien nunmehr von Korreus, dem Urheber des Kriegs, dem Aufwiegler der Plebs, multitudo befreit, denn bei dessen Lebzeiten habe der Senat niemals so viel ausgerichtet als die unerfahrene Plebs; Nunquam senatum tantum in civitate illo vivo, quantum imperitam plebem potuisse. Worauf Caesar erwiderte: Niemand vermöge so viel, dass gegen den Willen der Principes, den Widerstand des Senats, und das Zusammenwirken aller Gutgesinnten die kraftlose Plebs, infirma manus plebis, den Krieg erregen und führen könne. VIII 6, 7, 19—22.

Der Kadurke Lukterius.

Schon vor Ausbruch des Krieges vom Jahr 52 vermochte Lukterius viel in seinem Staate, apud suos cives, und hatte, fortwährend auf Umsturz bedacht, einen grossen Einfluss in Gallien. Cum apud suos cives — — multum potuisset semperque auctor novorum consiliorum magnam apud barbaros auctoritatem haberet etc. Er insurgierte damals seine Nachbarstaaten und plante im Jahr 52 wie 51 einen Einfall in die römische Provinz, schloss sich aber mit Truppen in die feste Stadt Uxellodunum ein, die in seiner Klientel stand, oppidum, quod in clientela fuerat ejus, und fand auch bei den Einwohnern Unterstützung. Vielleicht war er Princeps des Gaus. Caesar nahm die Stadt ein und Lukterius fiel später in seine Hände. VII 7; VIII 32, 35, 44.

Dreiundzwanzigstes Kapitel.

Die Faktionen der Staaten.

Ihr Charakter.

Die Schutzverbände der Parteien erscheinen in zwei Formen, welche der Sache und der Ausdrucksweise nach eine Reihe von Analogien darstellen. Sie sind in VI 11 in den Worten: „In Gallia“ bis „habet auctoritatem“ und „Haec eadem ratio“ bis „sunt duas“ nebeneinander gestellt und gegeneinander unterschieden (S. 131, 133). Der eine Verband ist die freie politische Vereinigung von Individuen, der Plebs, unter Leitung eines Princeps, der andere ist die freie und dauernde politische Vereinigung von Staaten unter Leitung eines von ihnen.

Dieser Bund ist eine factio, der führende Staat der princeps factionis, er hat vor den andern den principatus. Die Staaten, die sich ihm angeschlossen haben, sind seine clientes, necessarii, adjuncti, sie bilden seine clientela, stehen ihm gegenüber in fide, sub imperio, sub dicione. Der führende Staat ist seinen Klientelstaaten gegenüber von traditioneller Bedeutung, dignitas, von Ansehn, gratia, von Einfluss, auctoritas. Sie stehen gegenseitig in Freundschaft, amicitia, einzelne auch wohl in dauernder Heeresgemeinschaft. Der führende Staat gewährt Schutz, tuebatur, leistet Kriegshilfe, auxilia et opes, subsidium, verwendet sich diplomatisch, als deprecator für die Klienten, die ihrerseits ihm Kriegshilfe leisten. Er bestimmt die Politik des Bundes, aber das Verhältnis ist insofern ein loses, als es durch die abweichende Politik eines Klientelstaates insbesondere die Freundschaft oder Feindschaft gegen Rom wohl gelockert oder gar gesprengt wird.

Solcher Bünde gibt es immer mehrere unter den keltischen Stämmen. Die factionum principes streiten miteinander um den Vorrang in Gallien, um den principatus totius Galliae, den potentatus. Der eine Bund hat ihn inne, obtinere, ist in ganz Gallien vom höchsten Einfluss, in omni Gallia summa auctoritas, er ist longe princeps, totius Galliae factio, der andere hat den zweiten Rang, secundum locum dignitatis; aber der Principat schwankt auch, der eine Bund muss ihn aufgeben, principatum dimittere, oder er wird ihm entzogen, principatu dejicere.

Über den Vorrang eines über den anderen Bund hinaus bricht sich aber auch die Idee eines gallischen Reiches Bahn, das imperium totius Galliae, das regnum Galliae, das durch die Gunst der zum Heer versammelten Nation beneficio ipsorum zu übertragen sei. Von Verbindungen der aquitanischen Stämme ist nichts bekannt.

Die ältesten, von denen Caesar berichtet, gehören ihrem Sitz nach dem Süden des mittleren Galliens an. Es sind die benachbarten Bünde der Häduer, der Arverner und Sequaner.

Der Bund der Häduer.

Der Bund, Haedui atque eorum clientes, I 31, umfasste in zusammenhängender Masse das Gebiet zwischen Saone, der mittleren Loire und der unteren Allier, und die Stammverbände der Häduer als dessen Haupt, Haeduorum civitas, civitas Haedui, VI 4, II 14 mit der Hauptstadt Bibracte (Autun), der ihnen stammverwandten Ambarrer, necessarii et consanguinei, I 11 und der Segusiaver, der Ambluareten (Ambivareten?) und der brannovicischen Aulerker und der Blannovier. Ferner der Bojer, welche Caesar den Häduern zugeteilt hatte, Haeduis adtribuerat, I 28; VII 9 und der Biturigen, V 7. Im Norden traten hinzu die Senonen um Sens in der Champagne, und in Belgien die Bellovaker zwischen Seine, Somme und Oise. Es mögen auch noch weitere Stämme dazu gehört haben, z. B. die Lingonen, VII 63.

Von den Biturigen, Senonen und Bellovakern heisst es, sie standen in fide Haeduorum, und Alter und Dauer des Bundes wird hinsichtlich der beiden letzteren durch die Bemerkung bekundet, sie seien antiquitus, omni tempore in fide atque amicitia civitatis Haeduae gewesen, VII 5; VI 4; II 14. Die Häduer, Segusiaver, Ambluareten, Aulerker und Blannovier standen, wie es scheint, untereinander in dauernder Heeresgemeinschaft. Nach siebenjähriger Dauer des Krieges stellte sie für den Entsatz von Alesia zusammen 35 000 Mann, während das Gesamtkontingent der zum Bund gehörigen Stämme 71 000 betrug, VII 75.

Der Bund der Arverner.

Er beschränkte sich, soweit zu ersehen, auf den Süden des mittleren Galliens. Sein Gebiet erstreckte sich von der oberen Loire und der unteren Allier bis zur Garonne und umfasste als Haupt den Stammverband der Arverner (Auvergne) mit der Hauptstadt Gergovia an der Allier (le plateau de Gergoie bei Clermont-Ferrand) und die Klientelstaaten der Vellavier, Gabalen, Kadurken und Eleuteten, Avernis adjuncti, qui sub imperio Arvernorum esse consuerunt. Auch zwischen ihnen herrschte augenscheinlich Heergemeinschaft. Das Aufgebot für Alesia betrug, wie für den engsten Kreis des Häduerbundes 35000 Mann, VII 75.

Der Bund der Sequaner.

Von ihm ist nur das Haupt bekannt. Ihre Civitas lag zwischen der Saone, der Rhone und dem Jura. Ihre Hauptstadt war Vesontio (Besançon). Für Alesia stellten sie 12 000 Mann, VI 12; VII 75.

Häduer und Arverner.

Schon vor Caesar standen zwei rivalisierende Bünde einander gegenüber, Galliae totius factiones duae. Die Führung, principatus des einen hatten die Häduer, die des andern die Arverner, deren princeps civitatis Celtillus für sie die Leitung ausübte. Von Alters her stand aber der höchste Einfluss, summa auctoritas bei den Häduern und gross waren ihre Klientelen, clientelae. Beide Bünde stritten viele Jahre über den Vorrang, potentatus. I 31; VI 12; I 3; VII 4. Damit scheiden die Arverner vorläufig aus der Darstellung des Principats aus.

Häduer und Sequaner. Ariovist.

Es folgte der Kampf der Häduer und Sequaner um den gallischen Principat. Diese, die weniger Mächtigen, sowie die Arverner riefen etwa im Jahre 71 Ariovist mit seinen Germanen zu Hilfe, der in wiederholten Kämpfen, zuletzt bei Admagetobriga die Häduer und ihre Klienten, Haeduos atque eorum clientes schlug. Die Blüte des häduischen Adels blieb auf dem Schlachtfeld. Die Friedensbedingungen waren für ihre Stellung vernichtend. Ihr Stammverband musste den Sequanern einen Teil seines Gebietes abtreten und an Ariovist jährlichen Zins zahlen. Ihre Principes mussten beiden Siegern die Söhne als Geiseln stellen und sich eidlich verpflichten, sie weder zurückzufordern, noch Rom um Hilfe zu bitten, ja sie hatten für alle Zeit die Botmässigkeit und Oberherrschaft der Sequaner, sub dicione atque imperio esse, anzuerkennen. „Die Macht der Sequaner wurde dadurch so überwiegend, dass sie einen grossen Teil der Klienten von den Häduern zu sich herüberzogen,“ und die gallische Hegemonie auf sie überging. Aber der Helfer der Sequaner wurde ihr Herr. Ariovist besetzte ihre Städte, liess sich ein Drittel ihres Landes als den versprochenen Lohn herausgeben, forderte im Jahr 58 ein zweites Drittel für die nachrückenden Germanenscharen und entzog damit der Machtstellung der Sequaner die Grundlage. Beide leitende Stämme lagen somit am Boden. I 31, 32, 44; VI 12.

Die Häduer und Römer.

Die Häduer waren, noch auf der Höhe ihres Principats, in freundschaftliche Beziehungen, hospitium et amicitia zum römischen Volk getreten. Der römische Senat hatte sie häufig Brüder und Blutsverwandte, fratres et consanguinei, genannt und häufig für sie ehrenvolle Beschlüsse gefasst. Trotzdem musste Divitiakus, als er nach der Niederlage der Häduer in Rom um Hilfe nachsuchte, unverrichteter Sache wieder heimkehren. Im Gegenteil erhielt Ariovist, als er sich um die Freundschaft der Römer bewarb, im Jahr 59 unter dem Konsulat Caesars und unter dessen Befürwortung vom Senat den Titel König und Freund, rex atque amicus, und die ansehnlichsten Geschenke. I 31, 33, 35, 40, 43, 44; VI 12. S. 88.

Die vorläufig erfolglose Politik der römischen Hilfe, die in dem häduischen Staatsmann, dem Druiden Divitiakus verkörpert war, wurde wirksam, als er nach der Niederwerfung der Helvetier im Namen der gallischen Stammhäupter von Caesar Hilfe gegen Ariovist erflehte.

Caesar und Ariovist.

Caesar benutzte die alte Freundschaft zwischen Römern und Häduern als Rechtstitel und verlangte von Ariovist, dass er weiter keine Germanen über den Rhein führe, die Geiseln der Häduer zurückgäbe und den Sequanern deren Rückgabe gestatte, dass er die Häduer nicht bedränge und sie oder ihre Bundesgenossen nicht mit Krieg überzöge. Als Ariovist stolz abgelehnt, und der Krieg mit seiner Vernichtung geendet hatte, war Gallien von der Germanengefahr befreit. I 30 u. flgde. „Die Häduer erhielten ihre Geiseln zurück, ihre alten Klientelen wurden wieder hergestellt und neue von Caesar verschafft, weil die, welche sich ihrer Freundschaft anschlossen, sahen, dass sie sich bei ihnen besserer Bedingungen und einer milderen Schutzherrschaft, aequiore imperio erfreuten. Auch wuchs im Übrigen ihr Ansehn und ihr Einfluss gratia dignitasque, und so verloren die Sequaner ihren Principat." I 30 u. flgde. VI 12.

Divitiakus und der häduische Klientelstaat der Bellovaker.

Divitiakus erscheint nun durchaus als Leiter des häduischen Staats und seiner Hegemonie. Bei Beginn des belgischen Krieges vom Jahr 57 veranstaltete er (siehe Kapitel XXII S. 175) auf Caesars Vorstellung eine kriegerische Demonstration der Häduer gegen ihre alten Klienten, die Bellovaker, trennte sie dadurch von ihren Bundesgenossen und führte ihre Unterwerfung herbei. Dann aber zeigte er dem Caesar, wie die Bellovaker zu jeder Zeit in Schutz und Freundschaft des häduischen Stammverbandes gewesen, omni tempore in fide atque amicitia civitatis Haeduae fuisse. Von ihren Principes verleitet, seien sie von den Häduern abgefallen, und hätten den Römern den Krieg erklärt. Es bäten nicht nur die Bellovaker, sondern für sie auch die Häduer, er möge Milde und Sanftmut gegen sie erweisen. Dann würde er den Einfluss, auctoritas der Häduer bei allen Belgiern erhöhen, auf deren Hilfstruppen und Reichtum sie im Kriegsfall sich zu stützen gewohnt seien. Worauf Caesar erklärte, er werde sie zu Ehren des Divitiakus und der Häduer in seinen Schutz aufnehmen. II 5, 10, 14, 15.

Mit diesem Erfolg seiner romfreundlichen Politik scheidet der hervorragende Staatsmann der Häduer aus der Geschichte. Er ist der einzige Gallier, von dem Caesar mit warmer Anerkennung spricht: „Caesar kannte seine grosse Dienstbeflissenheit gegen das römische Volk, seine grosse Zuneigung zu ihm, seine ungemeine Treue, seine Gerechtigkeit und Mässigung." I 19. In wessen Hände die Leitung des Principats der Häduer überging, ist nicht überliefert.

Spätere Ereignisse zeigen im Bunde der Häduer das Klientelverhältnis der Senonen, Biturigen und Bojer im mittleren Gallien.

Die häduischen Klientelstaaten der Senonen, Biturigen und Bojer.

Als im Jahr 53 die *Senonen* sich dem Caesar unterwerfen mussten, nahmen sie das Fürwort der Häduer für sich in Anspruch, in deren Schutz, fides sie seit Alters gestanden, und gern gewährte er ihnen auf deren Bitten Verzeihung und nahm ihre Entschuldigungen an. Hundert Geiseln, die er forderte, gab er den Häduern zur Bewachung VI 4.

Bei Beginn des grossen Aufstandes vom Jahr 52, als sich Vercingetorix den Grenzen der *Biturigen* (es sind die Bituriges Cubi gemeint) näherte, verlangten diese von den Häduern Hilfe, subsidium, damit sie den feindlichen Truppen um so eher Widerstand leisten könnten. Die Häduer schickten ihnen auch Reiterei und Fussvolk, die aber an der Loire umkehrten, da sie den Biturigen nicht trauten und fürchteten, von ihnen und vom Vercingetorix in die Mitte genommen zu werden. VII 5.

Als Vercingetorix in dem gleichen Jahr Gorgobina, die Stadt der *Bojer* belagerte, die den Häduern als Zinspflichtige zugeteilt waren II 28 (S. 151), ermahnte Caesar sie zum Ausharren und rückte zu ihrem Entsatz heran. Denn er fürchtete, wenn er sie preisgäbe, die Entfremdung der ihm ergebenen Staaten und den Abfall von ganz Gallien. Als er sie für ihre Gegenwehr von der Zinspflicht befreite und ihnen gleiches Recht und gleiche Freiheit mit den Häduern erteilte, wurden sie aus deren Untertanen nunmehr wohl Klienten des häduischen Bundes. Zum Entsatz von Alesia stellten sie, nicht gemeinsam mit den Häduern und deren Nachbarklienten, sondern besonders 2000 Mann. I 28; VII 9, 75.

Der Bund der Remer.

Einen zweiten ihm ergebenen Principat schuf Caesar neu, den der *Remer*. Bei Beginn des belgischen Krieges vom Jahr 57 trennten sie, die einzigen, sich von dem Bund der Belgier; ja sogar von den ihnen verwandten Suessionen, mit denen sie in enger Gemeinschaft standen (S. 151) und stellten sich auf Caesars Seite. Aber nachdem diese unterworfen, „teilte“ er den Remern die *Suessionen* wieder „zu“. Die in der Hand der Remer vereinigten beiden grossen Stämme wurden die Basis der Hegemonie der Remer. „Sie traten an die Stelle der Sequaner. Da man sah, dass sie bei Caesar in gleicher Gunst standen, wie die Häduer, so begaben sich die Stämme, welche wegen alter Feindschaft sich mit den Häduern nicht wohl verbinden konnten, in die Klientel der Remer, welche sie sorgsam in Schutz nahmen, diligenter tuebantur. Sie hielten ihren jungen und rasch erworbenen Einfluss, auctoritatem aufrecht.“ II 12; VI 12; VIII 6.

Abgesehen von den Suessionen werden als Klienten der Remer nur die *Karnuten* genannt. Als bei den drohenden Angriffen des Frühjahrs 53 Caesar diese mit Truppen überraschte, schickten sie ihm Gesandte und Geiseln und „bedienten sich mit Erfolg der Fürbitte der Remer, in deren Klientel sie standen,“ usi deprecatoribus Remis, quorum erant in clientela, VI 4.

Häduer und Remer.

Gleichzeitig verglich Caesar die Stellung beider Vormächte. Nach ihm wurden die Häduer für die bei weitem ersten gehalten, während die Remer die zweite Stelle im Vorrang einnahmen. Eo tum statu res erat, ut longe principes haberentur Haedui, secundum locum dignitatis Remi obtinerent, VI 12.

Wenn sich der Principat beider Stämme auf die römische Macht in Gallien stützte und wenn sie die wirksamste politische Handhabe Caesars in Gallien bildeten, so war doch das Gefüge der beiden Staatenfaktionen ein so loses, dass schon, als im Jahr 54 die nationale Gärung die Staaten ergriff, „fast alle Stämme dem Caesar verdächtig erschienen, nur nicht die leitenden Stammverbände, die Häduer wegen ihrer alten und unerschütterlichen Treue gegen das römische Volk, die Remer wegen der Dienste, die sie im belgischen Kriege geleistet hatten.“ V 54. Unerschütterliche Treue sollten jedoch nur die Remer bewahren.

Caesars Mahnung an die Häduer.

Denn bei dem Umgreifen des grossen Aufstandes begann ihre Treue zu wanken, und er, der ihren alten Principat wieder hergestellt hatte, konnte sie an seine Verdienste erinnern: „wie er (im Jahr 58) sie herabgekommen vorgefunden, in ihre Städte eingeschlossen, im Gebiet geschmälert, von allen Truppen entblösst, mit Tribut belastet, mit Schimpf zur Stellung von Geiseln gezwungen; wie er ihnen dann zu Glück und Fülle verholfen und wie er sie weit über Würde und Ansehn, dignitas et gratia früherer Zeiten erhoben habe.“ VII 54.

Die nördlichen Verbände.

Weniger deutlich treten im gallischen Norden die dauernden Faktionen der Staaten hervor, welche sämtlich der römischen Politik feindlich waren. Es waren die Bünde der Treverer, Nervier und Aduatuker, sowie die der Aremorischen Stämme.

Diese Verbände datieren erst aus jüngerer Zeit. Vor 50 Jahren waren die *Aduatuker,* Splitter der Kimbern und Teutonen, in Belgien zurückgeblieben und hatten sich viele Jahre lang ihre Wohnsitze erkämpfen müssen. Dann gründeten sie eine Gewaltherrschaft über die ihnen feindlichen Nachbarn und legten ihnen Geiseln und Abgaben auf; darunter waren die *Eburonen* und als Geiseln die Söhne und Neffen ihres Königs Ambiorix. An dem belgischen Krieg nahmen, abgesehen von andern, die *Nervier* mit 50000, die *Aduatuker* mit 19000, die *„Germanen“* genannten Kondrusen, Eburonen, Caerosen, Pämanen mit 40000 Mann teil. Nach der Niederlage der Belgier fürchteten die Aduatuker, als Caesar ihnen die Waffen abnahm, die Rache ihrer Nachbarn. Er legte daher diesen Schonung auf, gab jenen die Geiseln zurück und hob ihren Tribut auf. II 4, 29, 31; V 27. Eine weitere Folge der Niederlage war dann die Koalition der drei Faktionen der Staaten.

Von den führenden Staaten der Bünde waren nach Müllenhof II 196, 198, 202 die *Eburonen* keltischer Nationalität. Die

Treverer und *Nervier* hielten sich nach Tacitus für Germanen (Nach Müllenhoff IV 393, 388 waren sie Kelten) und waren stolz auf ihre germanische Abkunft, während die *Aduatuker* als Abkömmlinge der Kimbern und Teutonen Germanen waren. Germ. 28; Gall. II 29.

Der Verband der Treverer.

Zu ihm gehörten die Eburonen und Condrusen als Klienten, qui sunt Treverorum clientes, und vermutlich die zwischen Treverern und Eburonen sitzenden Segner, wie die neben den Eburonen und Condrusen am belgischen Krieg teilnehmenden Caerosen und Paemanen, vier Stämme, die den Namen Germanen führten. IV 6; VI 32, II 4.

Der Verband der Nervier.

Er umfaßte die Stämme der Ceutronen, Grudier, Levaker, Pleumoxier, Geidumner, qui omnes sub Nerviorum imperio sunt, ohne dass von ihrer Nationalität gesprochen wird. V 39.

Der Verband der Eburonen usw.

Bei derselben Gelegenheit ist von den Eburonen, Nerviern, Aduatukern und ihrer aller Bundesgenossen und Clienten, horum omnium socii et clientes die Rede.

Indutiomarus und Ambiorix.

Innerhalb des treverischen Bundes fanden sich zwei energische Führer, Vertreter des nationalen Gedankens. Da der Stammverband der Treverer selbst in zwei Parteien gespalten war (S. 178), so kam Indutiomarus erst, als er sich an die Spitze des Staats emporgeschwungen hatte, zu einer leitenden Stellung in weitern Kreisen. Durch seine Rüstungen im Winter 54 auf 53 verschaffte er sich, wie schon erwähnt, in Gallien einen solchen Einfluss, auctoritas, dass von allen Seiten Gesandtschaften zu ihm kamen, die Gunst und Freundschaft für ihre Stämme, wie für sich persönlich nachsuchten, gratiam atque amicitiam publice privatimque peterent. V 55, 56. Der andere war einer der Könige des Klientenstammes der Eburonen, Ambiorix, ein Mann von kühnem Unternehmungsgeist. Von dem Bund der Nervier und Aduatuker sind keine Führer und überhaupt keine Namen genannt.

Der Überfall der römischen Winterlager im Jahr 54 war das Werk der drei Bünde, sowie das der Aremonischen Staaten. Die Eburonen unter Ambiorix begannen, und er erklärte, es sei der gemeinschaftliche Entschluss Galliens, die Lager an einem Tage einzuschliessen. Nachdem er die 15 Kohorten der Legaten Labienus und Cotta im Gebiet der Eburonen vernichtet, überredete er die Aduatuker und Nervier zur Erhebung. Die Nervier zogen von ihren Klienten, (den Centronen usw.) Truppen ein, und dann belagerten die Eburonen, Nervier, Aduatuker und alle ihre Bundesgenossen und Klienten, horum omnium socii et clientes das Lager des Legaten Cicero im Gebiet der Nervier. Als dies Unternehmen vermöge des Eintreffens Caesars misslungen, zogen sich die Treverer und die Aremoriker von den Lagern des Labienus im Land der Remer und des Roscius im Land der Esubier zurück, die sie im Begriff gewesen waren, einzuschliessen. V 27, 38, 39, 48, 53.

Indutiomarus fiel und die Macht ging zunächst an seine romfeindlichen Verwandten; dann aber durch Caesars Unterstützung an seinen romfreundlichen Bruder Cingetorix über. Der Stamm der Eburonen wurde der Vernichtung preisgegeben; Ambiorix rettete kaum sein Leben VI 2, 8, 29 u. flgde., 43.

Der Verband der nördlichen Küstenstämme.

Ob sie einen dauernden Bund mit Führerschaft und Klientel geschlossen, erscheint zweifelhaft. Sie werden als omnis ora maritima oder als civitates, quae Oceanum attingunt, quaeque eorum consuetudine Aremoricae appellantur, bezeichnet, III 8, 9, 17; VII 75; II 34; VII 4; V 53; VIII 31. Es waren die zwischen den Mündungen der Loire und Schelde liegenden: Namnetes,

Veneti, Osismi, Kuriosolites, Redones, Ambiani, Aulerci (Diablintes, Cenomani, Ebuvorices), Venelli, Esubii, Lexovii, Ambibarii, Kaletes, Morini, Menapii.

Im Seewesen war der leitende Staat der der Veneter. Im ganzen Küstengebiet hatte er den bei weitem grössten Einfluss, longe amplissima auctoritas. Die Veneter hatten eine sehr grosse Flotte, Kenntnis und Erfahrung im Seewesen, sie fuhren selbst nach Britannien. Für die Benutzung ihrer Häfen, der einzigen am Ozean, erhoben sie einen Zoll.

Nachdem von den Römern die Bretagne schon im Jahr 57 unterworfen war, bestimmten die Veneter ihre Nachbarn durch ihren Einfluss zum Aufstand. Die Principes verpflichteten sich eidlich zu gemeinsamem Handeln und treuem Ausharren, setzten den Kriegsplan fest und rüsteten vornehmlich die Flotte, zogen dann die übrigen Küstenstämme als Bundesgenossen heran, socios sibi adsciscunt und brachten eine gefechtbereite Kriegsflotte von 220 Segeln auf, die unter den Oberbefehl der Veneter gestellt wurde. Sie wurde vernichtet. Den Oberbefehl über die Landtruppen führte der Princeps Civitatis der Veneller Viridovix. Auch sie wurden aufgerieben. II 34, III 8—19.

Dafür dass der Bund der Aremorischen Staaten als ein dauernder im Sinn einer Staatenfaktion aufzufassen, scheint ihre mehrfache Erwähnuug zu verschiedenen Zeiten (in den Jahren 57, 56, 52) und die leitende Stellung der Veneter zu sprechen, für ein gelegentliches Schutz- und Trutzbündnis jedoch der eidliche Vertrag und die Werbung der Staaten zu Bundesgenossen, socii.

Für den Entsatz von Alesia stellte der Bund 30 000 Mann, und es sind daneben noch die Moriner mit 5000 genannt. VII 75.

Die nationale Erhebung des Jahres 52.

Die schliesslich fast ganz Gallien umspannende Erhebung musste die romfeindlichen Bünde stärken, so die der Küstenstämme VII 4, die romfreundlichen dagegen sprengen. Kaum hatte Vercingetorix als König der Arverner über die Macht dieses Staats zu gebieten, als von den *Klienten der Häduer* die Aulerker (die Brannovicischen sind gemeint) und die Senonen ihm zufielen und gleich darauf die Biturigen. Aber die Bojer blieben den Häduern treu, bis diese selbst dann durch die Intriguen ihres Vergobreten Convictolitavis zum Abfall geführt wurden und nunmehr die Bellovaker und Bojer sich anschlossen, VII 4, 5, 10, 37, 43, 54, 55, 59, 75. So fand sich der häduische Bund ganz auf Seiten der nationalen Bewegung. Von den *Klienten der Remer* eröffneten die Karnuten die Erhebung und die Suessionen folgten ihnen nach, während die Remer der römischen Freundschaft unwandelbar treu blieben. VII 2, 75, 63. Fast ganz Gallien war nun zum Widerstand gegen die Römerherrschaft geeint und abgesehen von den Remern werden nur als beiseite stehend hervorgehoben die ihnen gleichgesinnten Lingonen, die Treverer, welche von den Germanen bedrängt wurden und die Bellovaker, welche sich ihren eignen Krieg gegen die Römer vorbehielten. In dem Verzeichnis der Kontingente zum Ersatzheer für Alesia sind es wesentlich aquitanische Stämme, welche fehlen. VII 63, 75.

Wiederum erhob sich der Streit um den Principat, dieses Mal in Wahrheit über ganz Gallien. Bis dahin waren die Versuche, sich der Herrschaft über ganz Gallien zu bemächtigen, wie sie von Orgetorix, Dumnorix, Kastikus und Celtillus ausgegangen, schon bei dem ersten Schritt, das Königtum im eignen Staat zu erlangen, gescheitert.

Der Principat der Arverner.

Vercingetorix hatte die Stufe des Stammkönigtums bereits erstiegen und sofort fielen dem kühnen Empörer ein grosser Teil der gallischen Staaten zu und übertrug ihm den Oberbefehl, summa imperii über ihre Heere. Und schon winkte ihm, als er vor dem von Caesar belagerten Avarikum lag, das Königtum über Gallien, regnum Galliae, imperium. Zwar warf ihm das Heer vor, er wolle es lieber aus der Hand Caesars nehmen, als durch die Gunst des Heeres erlangen. Als er aber, seine Kriegführung darlegend, erwiderte, er wünsche das imperium, das er durch einen Sieg haben könne, nicht durch Verrat von Caesar zu erhalten, da stimmten ihm alle durch Zuruf und Waffengeklirr bei, und man rief, er sei der grösste Herzog, summus dux, an seiner Treue sei nicht zu zweifeln und der Krieg könne auf bessere Art nicht geführt werden. VII 4, 20, 21.

Vercingetorix und die Häduer.

Als dann die Erhebung sich über Gallien verbreitete, waren es die Häduer, die dem Vercingetorix gegenüber auf Grund ihres alten Principats den Oberbefehl über das gesamte Heer für ihre Parteiführer und Reitergenerale Eporedorix und Viridomarus in Anspruch nahmen, aber die Heerversammlung wählte ihn zum Oberfeldherrn, imperator (S. 141). „Mit grossem Schmerz, erzählt Caesar, ertrugen die Häduer, dass ihnen der Principat entzogen, se dejectos principatu. Sie beklagten den Wechsel des Schicksals, und wünschten Caesars Huld zurück, aber sie wagten nicht, da der Krieg begonnen, sich von den Andern zu trennen. Nur widerwillig gehorchten Eporedorix und Viridomarus dem Vercingetorix.“ Sie mussten sich mit der Stellung zweier Anführer von den vieren über das Entsatzheer für Alesia begnügen. Es scheint, dass die Klientel der Häduer sich nunmehr auf die Staaten ihrer nächsten Umgebung zurückzog, mit denen sie in Heeresgemeinschaft standen, auf die Segusiaver, die Ambivareten, die Brannovicischen Aulerker und Blannovier. VII 63, 76, 75.

Der Sieg, aus dem das Regnum Galliae erstehen sollte, blieb aus. Die grosse Niederlage von Alesia, die Gefangennahme des Vercingetorix, der später die Hinrichtung folgte, brachte den neuen Principat der Arverner und ihr neues Königtum zu jähem Fall.

Caesar, die Häduer und Arverner.

In den Augen Caesars mussten von allen keltischen Staaten

die Häduer und Arverner als die schuldigsten erscheinen. Sie waren aber auch die mächtigsten und er behandelte sie daher als die wichtigsten Faktionen der neuen Organisation Galliens. Den Stammverband der Häduer nahm er in Pflicht, die Arverner versprachen zu tun, was er befehlen werde. Er legte ihnen eine grosse Menge von Geiseln auf und entliess ihre Kriegsgefangenen, an 20000 Mann, damit sie ihre Staaten gewännen. Die übrigen Gefangenen dagegen gab er als Beute an die Soldaten, so dass jeder einen Mann bekam. Er verteilte endlich das Heer in Winterlager, insbesondere bei den Remern, um sie gegen die Angriffe der noch ungebändigten Bellovaker zu schützen. VII 89, 90.

Die Nachlese des Krieges.

Was die beiden nächsten Jahre, die letzten von Caesars Aufenthalt in Gallien brachten, war die Nachlese des grossen Kampfes. Die Karnuten, die Bellovaker, die Kadurken, die früheren Klienten der Remer, Häduer und Arverner, erhoben sich noch einmal, wurden aber zu Boden geschlagen. Die staatliche Verschmelzung der Remer und Suessionen, qui Remis erant attributi, bestand noch fort: Die Remer unterrichteten den Caesar von der Gefahr, welche den Suessionen von dem Angriff des Bellovakischen Bundes drohte und „Würde und eigner Vorteil erforderten es, um die Republik so verdiente Bundesgenossen vor aller Unbill zu schützen.“ VIII 4, 6, 31, 34; 6, 23, 30, 32, 43.

Die Versöhnungspolitik Caesars.

Wie rückhaltlos die Versöhnung Caesars insbesondere mit den Häduern war, lehrt seine Darstellung ihres Abfalls VII 37—43, 54, 55, 63 und die gleiche Art der Behandlung des Eporedorix und Viridomarus lässt diese als die zukünftigen Staatsmänner ihres Stammverbandes erkennen. Unter Caesars Gunst stellten die Häduer ihren Principat in Gallien zum zweiten Mal her.

Als Caesar im Jahr 51 die Legionen für die Winterquartiere verteilte, legte er zwei in das Gebiet der Häduer, „deren höchsten Einfluss, summa auctoritas in Gallien er kannte“ und im Jahr 50 legte er vier zu den Belgiern und ebensoviel zu den Häduern für die Überwinterung. „Denn er glaubte, Gallien werde am ruhigsten sein, wenn die Belgier, welche von höchstem Einfluss, auctoritas summa, wären, durch das Heer in Gehorsam gehalten würden.“ Hirtius VIII 46, 54.

Vierundzwanzigstes Kapitel.

Allgemeine Ergebnisse.

Die Verwandtschaft der germanischen und keltischen Staatsformen.

Das Dezimalsystem der Indogermanen liegt den ältesten Staatsformen der Germanen zugrunde, führt also in vorgeschichtliche Zeit zurück.

Um die Vorzeit der germanischen und der kelto-britannischen Völker zu bestimmen, fehlt es an geschichtlichem Anhalt. Die älteste Verfassung der galatischen Kelten zeigt gallischen Typus und verweist auf die Zeit der Wanderzüge aus dem keltischen Gallien, auf die Zeit der Jahre 500—300. Sei es in diesen Zeitraum, sei es in einen späteren, fällt ein Abschnitt, der nach Caesar als alte Vorzeit erscheint, die Zeit, aus der einerseits sich die Stammverfassung der Eburonen (mit Landesgemeinde und Königtum) erhalten hat, andererseits bereits die Form der oligarchischen Verfassung (mit dem Vergobret und der Faktion der Plebs) antiquitus bestanden hat.

Die Dauer der ältesten Verfassungen der einzelnen Völker ist verschieden. Sie währt bei den Germanen bis in die fränkische Zeit, bei den Kelten, so lange sie sich frei von römischer Herrschaft hielten.

Nachdem die Formen des Gemeinwesens der Germanen und getrennt von ihnen die der Kelten geschildert sind, sollen nunmehr die Einzelformen beider Völker nebeneinander gestellt werden, um den Grad des ihnen Gemeinschaftlichen hervortreten zu lassen.

Die ältere Ordnung der Gleichberechtigten.

Unter Ausschluss der Unfreien bilden bei Germanen und gallischen Kelten die Freien gleichen Rechts die Grundlage des Gemeinwesens, omnes, ingenui, multitudo, concilium.

Die Freien sind entweder Gemeinfreie oder Adelige, und aus letztern heben sich tatsächlich die Familien des höhern Adels hervor. In Germanien: ingenui (die liberti sind in der Regel von den Rechten ausgeschlossen), nobiles; nobilissimi, insignis nobilitas, regia stirps, genus regium. In Gallien: plebs, nobiles oder equites, illustris nobilitas, equitatus, illustriores, nobilissimi, summo loco, amplissima, antiquissima familia nati, summa nobilitas. Auch die Britannier kennen die multitudo als Plebs, nobiles, nobilissimi, claris majoribus orti, quanta nobilitas, pollens nobilitate, genus regium. Bei den Galatern wird der Adel nicht erwähnt.

Obrigkeiten und wohl Priester werden bei Germanen und Galliern dem Adel entnommen. Bei den Germanen werden sie gewählt: die Gaufürsten, principes, proceres, primores und nach Strabo ἡγεμόνες, die Stammfürsten, principes civitatis, (der Fürst des Friedens und der dux des Kriegs), der Stammkönig, rex, die Priester sacerdotes, sacerdos civitatis. Bei den Galliern sind es die Gaufürsten, principes, primi, die Stammfürsten, principes civitatis (nach Caesar der Vergobretus des Friedens und der dux des Krieges, nach Strabo der ἡγεμών des Friedens, der στρατηγός des Kriegs), der Stammkönig, rex, βασιλεύς. Bei den Britanniern heissen die Gaufürsten reges, der Stammfürst des Krieges dux, der Stammkönig rex, regina. Die Galater haben Gaufürsten, τετράρχοι, πρῶτοι ἄνδρες und Stammkönige, reges, βασιλεῖς, reguli, duces.

Die vier Stufen des Gemeinwesens.

Das Dezimalsystem der Zehn, Hundert, Tausend, Zehntausend,

welches der Abstufung der indogermanischen Staaten zugrunde liegt, ist, was die Bezeichnung angeht, nur bei den Germanen zu erkennen, aber sachlich entsprechen den vier Stufen der Germanen — Gemeinde, Hundertschaft, Tausendschaft (Gau) und Zehntausendschaft (Stamm) — ebensoviel oder doch drei der Gallier — Gemeinde, Gau, Stamm. Bei den Galatern und Britanniern sind nur die beiden höchsten Stufen zu erkennen.

Die erste Stufe der Gemeinde.

Die urzeitliche Benennung der Indogermanen ist nach Schrader vic, οἶκος, vicus die Sippe als Niederlassung, zunächst auf gemeinsamen Weideplätzen, dann auf gemeinsamem Ackerboden; sie ist das Geschlechtsdorf.

Bei den Germanen sind es Sippen und Geschlechter im Heer und in der Siedlungsgemeinschaft, familiae et propinquitates unter dem pater familiae; gentes, cognationes hominum, qui una coierunt; universi (cultores); Orts- und Markgemeinde, vicus, aedificia, ager, arva. An der Spitze der Gemeinde steht vielleicht ein magistratus.

Bei den Galliern finden sich vicus und aedificia und ausserdem oppida und urbes, die bei den Germanen nur ausnahmsweise vorkommen. Bei den Britanniern werden aedificia hervorgehoben.

Die zweite Stufe der Hundertschaft.

Bei den Germanen bilden die centeni eine Heeresabteilung, die centeni ex plebe comites eine Gerichtsgemeinde mit fester Malstätte, vicus.

Bei den Kelten ist weder von dem einen noch von dem andern die Rede. Bei den Galatern steht die Gerichtsbarkeit in der Regel dem Tetrarchen und seinem Richter der dritten Stufe zu, aber ohne eine urteilende Gemeinde. Sollte (wie in Germanien) in Gallien eine solche Bestand gehabt haben, so mag ihre Zuständigkeit und Existenz durch die Gerichtsbarkeit der Druiden verdrängt sein.

Die dritte Stufe des Gaus.

Der „Gau“ bedeutet die Bevölkerung des Gaus, den Heergau, den Landgau, den politischen Gau. Der Ausdruck für den Gau ist bei den Germanen und Galliern pagus, auch φυλή, einmal für den germanischen Gau pleonastisch regio atque pagus („principes regionum atque pagorum“), einmal für den germanischen Heergau milia; bei den Britanniern für den Landgau und den politischen Gau regio; bei den Galatern τετραρχία.

An der Spitze des Gaus steht der Gaufürst, bei den Germanen und Galliern princeps, bei den Germanen auch wohl der Erste, πρῶτος, auch wohl der Fürst königlichen Stammes, der Gaukönig, regiae stirpis, regii generis, bei den Galatern τετράρχος, πρῶτος ἀνήρ, bei den Britanniern rex, δυνάστης.

Der germanische Gaufürst wird traditionell aus demselben Geschlecht gewählt, eliguntur principes. Der Tetrarch ist ἀπὸ γένους, scheint also erblich zu sein.

Der Tetrarch vereinigt in seiner Person richterliche und militärische Funktionen, erstere mit dem δικαστής, letztere mit den στρατοφύλαξ und dessen zwei Stellvertretern, den ὑποστρατοφύλακες.

Bei den Germanen und Galliern werden die Gaufürsten vielfach als Führer des Heergaus erwähnt. In Germanien treten sie in anderen Stellen als Richter auf, principes regionum atque pagorum inter suos jus dicunt; principes, qui jura per pagos vicosque reddunt. Aber nirgendwo ist ausgedrückt, dass der germanische Gaufürst zugleich Anführer und Richter in einer Person sei. Es ist dies jedoch nach der galatischen Analogie und dem Vorkommen späterer Zeit zu schliessen.

Der Gau der Germanen und Gallier ist militärisch und politisch autonom; ob auch bei königlichen Stämmen, muss dahingestellt bleiben.

Bei den Galatern, gallischen Helvetiern und britannischen Kantiern ist die Zahl der Gaue eines Stammes je vier. Da, so viel ich weiss, die Zahlen anderer Stämme nicht bekannt sind, insbesondere auch nicht abweichen, und die Vierzahl den galatischen Gauen den technischen Ausdruck gegeben hat, so scheint die Vierteilung des Stammes ursprünglich gemeinkeltische Sitte gewesen zu sein.

Die vierte Stufe des Stammes.

Durch Blut oder durch Schicksale verwandte Gaue bilden den Stamm.

Der Stamm ist die ethnographische Einheit, bei den Germanen und Galliern gens, natio, populus, Cherusci, Haedui usw., bei den Galatern ἔθνος.

Er ist Heereseinheit, bei den Germanen universa gens, omnis juventus, copiae, manus, bei den Galliern omnes puberes, multitudo, πλῆθος. Sie zerfällt in das Fussvolk, copiae peditum, peditatus, in Keile, cunei, Phalanx, in die Reiterei, equitatus (Schwadronen, turmae) und in die gemischte Truppe. Bei den Germanen sind sie erst nach den Normalzahlen, dann nach angesiedelten Geschlechtern, familiae et propinquitates, fara, heris generationes, genealogiae geordnet.

Keile, Phalanx und Mischtruppe, Schlachtlied und Schlachtgesang, die Wagenburg und die Gefolgschaft sind den Germanen und Galliern gemeinsam.

Der Stamm ist Gebietseinheit, fines.

Er ist politische Einheit, civitas.

Bei Germanen und Galliern stehen über dem Stamm zwei Körperschaften, der Fürstenrat und die Landesgemeinde; ähnlich bei den Galatern Fürstenrat und Senat (siehe unten).

Den Fürstenrat bildet der Inbegriff der Gaufürsten, der principes, bei den Galatern der zwölf Tetrarchen. Er entscheidet bei den Germanen die kleineren Angelegenheiten und bereitet die grösseren für die Landesgemeinde vor. So auch wohl bei den Galliern und Galatern.

Die Landesgemeinde, concilium umfasst bei den Germanen die „Plebs“ im Sinne von allen Freien, omnes, bei den

Galliern multitudo (Eburonen). Sie entscheidet endgültig und souverän.

Fürstenrat und Landesgemeinde behandeln, die Autonomie der Gaue durchbrechend, die gemeinschaftlichen Angelegenheiten der Gaue, also die Stammangelegenheiten, den Krieg und gewisse Angelegenheiten des Friedens.

Zu diesen Körperschaften der Germanen und Gallier treten die Obrigkeiten des Stammes, welche insbesondere deren Vorstand bilden. Ihre Gewalt ist entweder nach Frieden und Krieg geteilt unter Stammfürsten, principes civitatis, des Friedens (ohne konkrete Bezeichnung) und des Krieges, dux, oder sie ist geeint unter dem Stammkönig, rex. Nach geteilter und geeinter Gewalt wird die Verfassung ihrem Charakter nach eine doppelte, dort das Stammfürstentum, die Gauverfassung, hier das Stammkönigtum, die Stammverfassung.

In Germanien sind die Verfassungen auch territorial verschieden.

Im Westen Germaniens herrscht die Gauverfassung. Hier gab es für die Zeit des Kriegs einen Herzog, im Zeitalter des Caesar aber noch keinen ständigen Stammfürsten des Friedens. In pace nullus est communis magistratus, sondern Vorstand des Fürstenrats und der Landesgemeinde war alternierend derjenige Gaufürst, in dessen Gebiet die Körperschaft tagte. Aber schon Tacitus kennt den ständigen Friedensfürsten, princeps civitatis. Das Herzogtum dauert für die Zeit des Kriegs, das Stammfürstentum des Friedens (nach der Analogie des Vergobreten) wahrscheinlich auf eine Frist von Jahren.

Im Osten Germaniens herrscht die Stammverfassung, das Stammkönigtum, regnum. Obrigkeit ist der rex, der die Stellungen der Stammfürsten des Friedens und des Kriegs in sich vereinigt. Gibt es keinen Krieg und fehlt es also an einem Herzog, so gleicht seine Würde formell der des Friedensfürsten, ist aber vorbehaltlich der Wahl erblich.

Bei den Galatern bilden vier Tetrarchien einen Stamm,

ἔθνος, über den ein Stammkönig, βασιλεύς herrscht. Die ältere Verfassung ist also die Stammverfassung. Der Bund der drei Stämme hat den Fürstenrat der zwölf Tetrarchen und den an die Landesgemeinde erinnernden Senat der dreihundert. Aus dem Bund entwickelt sich dann der Einheitsstaat.

Für Britannien ist weder Fürstenrat noch Landesgemeinde bezeugt, aber es finden sich die charakteristischen Spuren der Gau- wie der Stammverfassung. Jener gehört der dux der Kantier an, während ein Friedensfürst nicht bekannt ist, sei es, dass er als ständiger, wie bei den Germanen des Caesar, fehlt, oder nur keine Erwähnung findet. Dagegen ist das Stammkönigtum vielfach vertreten, regnum, rex, regina, βασιλεύς (aber auch princeps, rex, regulus unsicher, ob Gaufürst oder Stammkönig).

In einem Teil von Gallien ist die Landesgemeinde und das von ihr (wie in Germanien) beschränkte Stammkönigtum in der multitudo der Eburonen vertreten, das Königtum auch sonst vielfach, regnum, regnare, rex. Die Könige stellen bei den Suessionen und Eburonen die Angehörigen ihrer Sippe zu Geiseln, so dass das Stammkönigtum und die Stammverfassung erwiesen ist. Dagegen ist in dem übrigen Gallien ein Stammfürst weder des Friedens noch des Kriegs erwähnt. Die Gauverfassung ist aber nach der germanischen und der kelto-britannischen (kantischen) Analogie anzunehmen, und sie mag mit dem Aufkommen des Adelsregiments ihr Ende und in diesem ihre Fortsetzung gefunden haben.

Die jüngere gallische Ordnung der Adelsherrschaft.

In dem Teil von Gallien, in dem sich das Königtum nicht erhalten hat, hat sich seit einigen Jahrhunderten vor Christus das Adelsregiment entwickelt. Es hat die Formen der Gauverfassung übernommen mit der Modifikation, dass die Unterscheidung der Obrigkeiten nach Frieden und Krieg nunmehr sich auch auf die souveränen Versammlungen erstreckt.

Der Fürstenrat ist schon erwähnt.

Die Versammlung für den Krieg ist die Heerversammlung, armatum concilium, more Gallorum initium belli; omnes puberes, ein Rudiment der Landesgemeinde. Ihr Stammfürst ist der von allen Freien dem πλῆθος für die Dauer des Kriegs gewählte Herzog, dux. Für den Frieden ist die Landesgemeinde ersetzt durch den Senat, senatus, concilium, συνεδρία, βουλή, eine Repräsentation des Adels. Der von ihr auf ein Jahr gewählte Stammfürst des Friedens ist der Vergobretus, der summus magistratus mit regia potestas.

An dem Adelsregiment, das in dem Senat und den Vergobreten seine Vertretung findet, hat die gemeinfreie Plebs keinen Anteil. Sie schuf sich aber in ihren Faktionen, factiones plebis unter der Führung eines Mächtigen Verbände, welche ihre soziale Lage sicherten und eine Macht darstellten, die auch den geordneten Staatsgewalten gegenüber von politischer Bedeutung war. Das Königtum stützte sich, wie es scheint, auf die Plebs, und diese und ihre Führer suchten aus begründeten Interessen oder aus Ehrgeiz das Königtum zur herrschenden Verfassung in Gallien zu machen.

So stehn in Gallien Stämme mit Landesgemeinde und Königtum, andere mit Heerversammlung oder Senat und Stammfürstentum nebeneinander, beide Systeme räumlich im Gemenge, mit überwiegender Zahl des letztern, der oligarchischen Staatsform.

Die Bünde.

Die nationalen Kriege gegen die Römer und gegen Marbod sind von den Germanen, Galliern und Britanniern in der Form der zu diesem Zweck geschlossenen Kriegsbündnisse geführt, die mit der Erfüllung oder Nichterfüllung ihrer Zwecke ihr Ende erreichten.

Das Bundesheer besteht aus den einzelnen Stammheeren, an dessen Spitze der Bundesherzog, dux steht. Im übrigen fehlt es bei den Germanen und Britanniern an Nachrichten über die Organisation, während der fast ganz Gallien umfassende Bund des Jahres 52 eine politische Vertretung der zugehörigen Stämme (den Bundesrat) und einen militärischen Kriegsrat unter der Führung des in der Heerversammlung der Stämme gewählten Bundesherzog Vercingetorix besass.

Dauernde Bünde kennen die Germanen und Britannier nicht, wohl aber die kleinasiatischen und gallischen Kelten. Die drei Stämme jener, τρία ἔθνη sind in dem Rat der zwölf Tetrarchen und der Versammlung der Dreihundert (einer Vorstufe des repräsentativen Senats) bundesstaatlich organisiert. In Gallien stehn Komplexe von Einzelstaaten in freiwilliger Unterordnung gegenüber einem der grossen führenden Staaten. Ihre Organisation als factiones civitatum ist von Caesar als ein Analogon der factiones plebis dargestellt.

Die Reiche.

In Gallien sind nur in älterer Zeit Reiche entstanden, das des Biturigenkönigs Ambigatus, der Arvernerkönige Luerius und Betuitus und in der Generation vor Caesar das des Suessionkönigs Deviciakus über einen Teil von Belgien und Britannien, dann in Caesars Zeit das des Suessionenkönigs Galba über Suessionen und Remer (?).

In Germanien sind dahin die Reiche der Sueben zu rechnen, zu Caesars Zeit das Reich der Sueben um den Harz mit der Reichsversammlung, concilium, das Reich des Suebenkönigs Ariovist, rex, später das Reich des Markomannenkönigs Marbod, das des Quadenkönigs Vannius, rex, regnum Vannianum, imperium und das des Vangio und Sido, reges Sueborum, dominatio, sowie des Italikus. In Britannien weiter das Reich des Trinovantenkönigs Karatakus, pluribus gentibus imperitantem.

Die Einheit der Nation.

Sie hat es nur in Gallien zu festerm Ausdruck gebracht, in den Landtagen der principes civitatum oder Galliae und in der ganz Gallien umfassenden Gemeinschaft der Druiden. —

Diese Darstellung zeigt die nahe Verwandtschaft der staatlichen Einrichtungen beider Nationen und ergibt zugleich die charakteristischen Anzeichen der Entwicklung der jüngeren gallischen Ordnung aus der gemeinschaftlichen älteren Ordnung.

Aber um so mehr ist hervorzuheben, dass diese Verwandtschaft sich auf die soziale Grundlage und auf die darauf aufgebauten Staatsformen beschränkt, und dass dagegen die Religionen und die Kulte beider Völker jede Gemeinschaft ausschliessen. Und so mag in diesem Umstand die Mitteilung Caesars, dass die Religion der Druiden in Britannien entstanden und von dort nach Gallien erst übertragen sein solle, ihre Bestätigung finden.

Die gemeinschaftlichen Einrichtungen und Gewohnheiten beider Nationen sind dagegen die Stände, Gemeinden (vielleicht ursprünglich auch Hundertschaften), Gaue, Stämme (diese vier in ihren verschiedenen Bedeutungen), Gaufürsten, Fürstenrat und Stammversammlung, Stammfürsten und Könige, ferner Keil, Phalanx, Mischtruppe, Schlachtenlied, Schlachtengesang, Wagenburg, Gefolgschaft, Bünde und Reiche.

Bei diesem Umfang des Gemeinsamen und bei einer Reihe von gleichartigen Einzelmomenten, die bei jeder der beiden Nationen vertreten sind, ist es möglich und zulässig, mit den Nachrichten von der einen Nation die der anderen in verschiedenen Abstufungen zu ergänzen. Zu diesem Zweck mögen auch die galatischen und britannischen Verfassungsformen herangezogen werden.

Die Nachrichten der Germanen und Gallier über die Autonomie der Gaue, über die Landesgemeinde und ihr Verhältnis zu beschränktem Königtum decken sich vollständig.

Die galatischen Tetrarchen sind militärische Anführer und Richter in einer Person und so auch, wie zu schliessen, die germanischen Gaufürsten (wie in fränkischer Zeit bestätigt wird), so wie die gallischen.

Die galatischen Tetrarchen und die germanischen principes

sind es, welche den Fürstenrat bilden und ebenso die gallischen principes, in allen Fällen Gaufürsten.

Die britannischen Kelten kennen die Gauverfassung, und ihre Existenz lässt auf die der gallischen Gauverfassung der älteren Ordnung (S. 119) schliessen.

Die gallischen principes civitatis lassen die germanischen principes civitatis erst in voller Deutlichkeit hervortreten.

Die Verwandtschaft der Germanen und Kelten.

Die fast völlige Gleichartigkeit der staatlichen Formen der Germanen und Kelten darf man als den Ausfluss einer Lebensgemeinschaft beider Nationen betrachten. Bremer, Ethnographie der germanischen Stämme §§ 18, 19 betrachtet als sicheres Ergebnis der bisherigen sprachlichen Untersuchungen über das Verwandtschaftsverhältnis des Germanischen zu dem Keltischen (bezw. Keltisch-Italischen) allein: dass die Germanen schon vor der Zeit der Lautverschiebung (im 5. oder 4. Jahrhundert *nachbarliche Beziehungen* zu den Kelto-Italikern usw. unterhielten. Er schliesst jedoch im § 52 dann selbst aus Tatsachen, welche dem Gebiet der Sprachgeschichte angehören: dass die Germanen der Urzeit, wenigstens zum Teil, von keltischen Stämmen, nicht nur kulturell, sondern auch politisch abhängig gewesen seien, und postuliert ein *Keltisches Reich* des 5. und 4. Jahrhunderts, welches die benachbarten Germanen umfasst habe.

Eine Prüfung dieser Ansicht muss ich mir versagen, wenn gleich andauernde politische Abhängigkeit zu einer Gleichartigkeit der Institutionen führen mag; aber eine näher liegende Hypothese scheint mir das Problem zu lösen. Mögen doch indogermanische Völkermassen, was sie, (sei es auf der Wanderung aus der Urheimat, sei es auf der Ausbreitung im Westen) ungetrennt an Kulturformen gewonnen, auch bei ihrer Trennung zu Germanen und Kelten als festen Besitz sich bewahrt haben.